2011年123月

3・11瓦礫《がれき》の中の闘い

菱田雄介［写真・文］

彩流社

2011年 3月23日 宮城県石巻市

2011年 3月23日

まえがき――２０１１年１２３月

そして気がつけば、東北の至る所に「美しい」公園が整備されることとなった。広大な面積の緑地と、その中心にはなだらかな丘。駆け回る子どもたちにあの日の記憶はない。何も知らずに見れば、そこは平和と安らぎに満ちた空間であるに違いない。しかしその場所は、長年に渡って人々の生活が刻まれてきた場所だった。

宮城県石巻市の海沿いにあるその場所は、北側には日和山《ひよりやま》と呼ばれる高台があり、東側には北上川が流れている。西側には巨大な製紙工場があり、南側は太平洋に面している。東西１・３キロメートル、南北８００メートルの土地には、門脇町《かどのわきちょう》２～５丁目、南浜町《みなみはまちょう》１～４丁目、雲雀野《ひばりの》町《ちょう》１～２丁目と区分されていた。

八軒道路《はっけんどうろ》と呼ばれた県道沿いにはコンビニや商店、あるいは工場が並び、そこから一本道を入ると住宅街が広がっていた。海沿いの町ではあったが、びっしりと並んだ建物に遮られてその姿は見えない。細い道に沿って美容院やクリニック、郵便局、ソロバン塾などが点在し、人々の生活を支えていた。製紙工場から漂ってくる木材を煮るような匂いと、港から流れてくる魚の匂い。その二つの匂いが混ざる時には、不思議と雨が降った。当時この町に暮らしていた少年には、そんな記憶が刻まれている。その土地には、１７７２世帯４４２３人が暮らしていた。

２０１１年３月11日午後２時46分、東日本大震災発生。激しい揺れに戸惑う人々の上を津波が襲ったのは15時40分のことだった。一瞬の判断が、命を決めた。この地域の死者・行方不明者は５４２人。日常は一瞬にして消え去り、被災者が瓦礫の中に遺体を探すという絶望の日々を送ることとなった。

被災地と呼ばれるようになったこの町で偶然二組の家族と巡り合った僕は、瓦礫の中の闘いを垣間見ることとなった。彼らは大切な人を守りながら、破壊された町の中にかけがえのない人を捜した。太陽が沈むと真っ暗になってしまう門脇町で、車窓に流れる瓦礫を見つめながら交わした会話がいまも耳に残っている。

「この土地で起きたことを、10年間は記録してほしい」

その言葉に、どこまで誠実に向き合うことができたのかはわからない。でもともかく、僕はその後も東北を訪ねることをやめなかった。

２０１１年12月31日。カレンダーの中の２０１１年という年が終わろうとしている時、この特別な年がリセットされてしまうことに違和感を感じた。やってくるのは２０１２年１月ではなく、２０１１年13月なのだと考えようと思った。以来、14月、15月と時は流れ、あれから丸10年。いま、東北は２０１１年１２３月を迎えようとしている。この中途半端で不自然なカウントを、僕は止めることができるのだろうか。

もくじ◉『２０１１年１２３月――３・11瓦礫の中の闘い』

2011年 119月22日 宮城県石巻市

2020年 11月22日

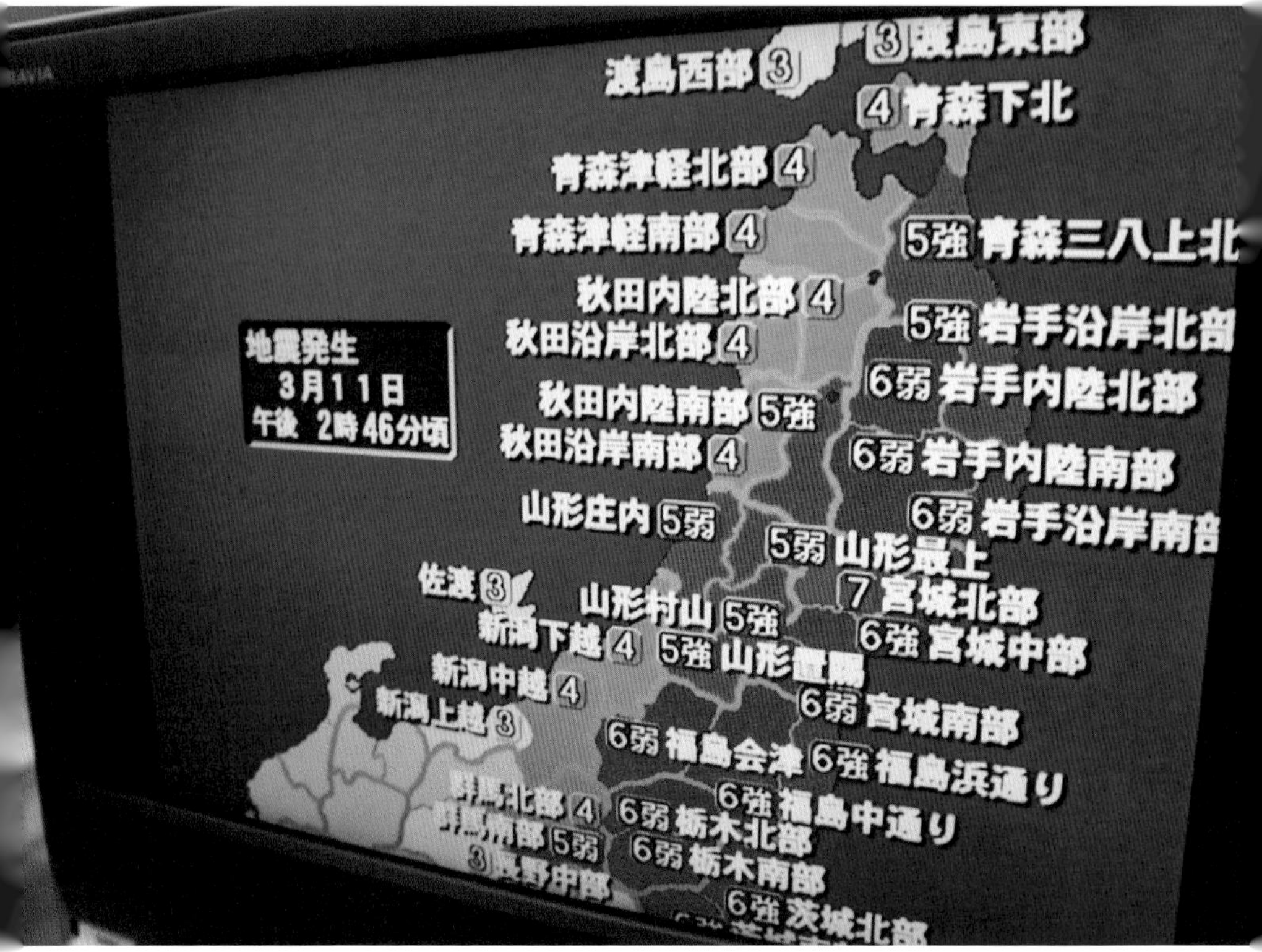

2011年 3月11日 大阪市

2011年 3月11日

2011年 3月12日 大阪市

2011年 3月12日

2011年 3月15日 大阪市

2011年 3月15日

2011年 3月22日 宮城県気仙沼市

2011年 3月22日

2011年 3月22日

2011年 3月22日 宮城県気仙沼市

2011年 3月23日 宮城県塩竈市

2011年 3月23日

2011年 3月22日 宮城県気仙沼市

2011年 3月22日

2011年 3月23日 宮城県東松島市

2011年 3月23日

2011年 3月23日 宮城県東松島市

2011年 3月23日

2011年 3月23日 宮城県石巻市

2011年 3月23日

2011年 3月23日 宮城県石巻市

2011年 3月23日

2011年 3月23日 宮城県石巻市

2011年 3月23日

2011年 3月29日 東京都渋谷区

2011年 3月29日

2011年 4月 8日 宮城県東松島市

2011年 4月8日

2011年 4月 9日 宮城県石巻市

2011年 4月9日

2011年 4月 9日 宮城県石巻市

2011年 4月9日

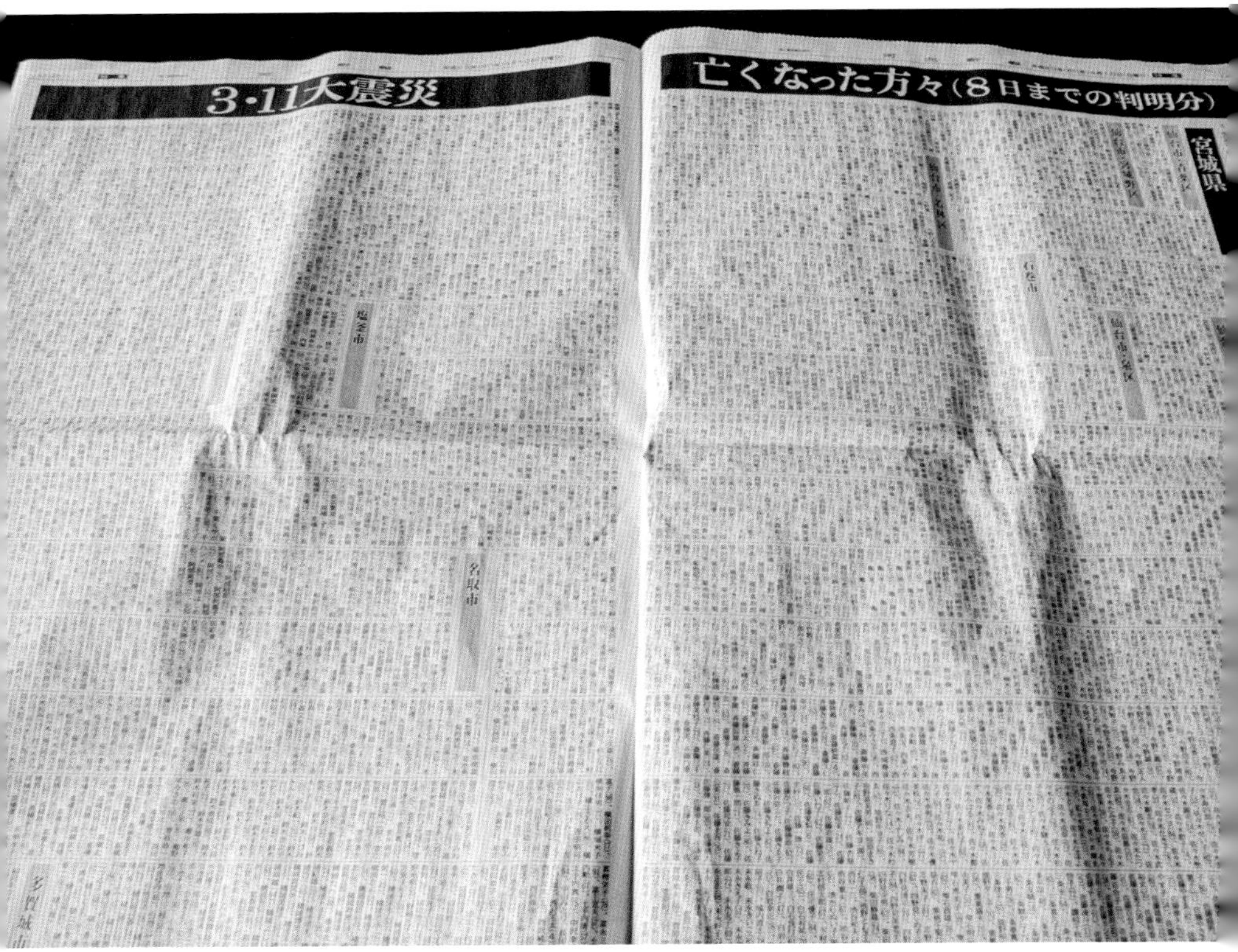

2011年 4月10日 宮城県南三陸市

2011年 4月10日

2011年 4月10日 宮城県東松島市

2011年 4月10日

2011年 4月16日 福島県いわき市

2011年 4月16日

2011年 5月3日 宮城県南三陸町

2011年 5月3日

菅首相　退陣の意向を表明
震災・原発対応にメドの段階で
民主党 代議士会
中継
一定のめどがついた段階で
責任を引き継ぐ

2011年 6月2日 大阪市

2011年 6月2日

2011年 6月10日 宮城県石巻市

2011年 6月10日

2011年 6月10日 宮城県石巻市

2011年 6月10日

2011年 8月1日 福島県飯舘村

2011年 8月1日

2011年 8月1日 福島県飯舘村

2011年 8月1日

2011年 10月5日 大阪市

2011年 10月5日

2011年 11月13日 宮城県石巻市

2011年 11月13日

2011年 11月13日 宮城県石巻市

2011年 11月13日

2011年 12月25日 宮城県石巻市

2011年 12月25日

2011年 12月31日 東京都渋谷区

2011年 12月31日

2011年 15月11日 宮城県石巻市

2012年 3月11日

2012年 3月11日

2011年 15月11日 宮城県石巻市

2011年 16月29日 福島県南相馬市小高区

2012年 4月29日

2011年 16月29日 宮城県東松島市

2012年 4月29日

2011年 18月10日 宮城県石巻市

2012年 6月10日

2011年 18月10日 宮城県石巻市

2012年 6月10日

2011年 21月29日 宮城県松島町

2012年 9月29日

2011年 25月2日 東京都千代田区

2013年 1月2日

2011年 25月26日 宮城県石巻市

2013年 1月26日

2011年 25月26日 宮城県石巻市

2013年 1月26日

2011年 27月9日 福島県南相馬市小高区

2013年 3月9日

2011年 27月9日 福島県南相馬市小高区

2013年 3月9日

2011年 27月10日 宮城県石巻市

2013年 3月10日

2011年 27月10日 宮城県石巻市

2013年 3月10日

2011年 28月13日 東京都目黒区

2013年 4月13日

2011年 28月28日 福島県浪江町

2013年 4月28日

2011年 28月28日 福島県浪江町

2013年 4月28日

2011年 28月28日 福島県浪江町

2013年 4月28日

2011年 30月16日 宮城県石巻市

2013年 6月16日

2011年 30月16日 宮城県石巻市

2013年 6月16日

2011年 41月25日 宮城県石巻市

2014年 5月25日

2011年 47月29日 宮城県石巻市

2014年 11月29日

2011年 47月29日 宮城県東松島市

2014年 11月29日

2011年 48月7日 東京都武蔵野市

2014年 12月7日

2011年 51月11日 宮城県女川町

2015年 3月11日

2011年 51月11日 宮城県石巻市

2015年 3月11日

2011年 57月18日 東京都千代田区

2015年 9月18日

2011年 57月18日 東京都千代田区

2015年 9月18日

2011年 60月5日 宮城県東松島市

2015年 12月5日

2011年 60月6日 宮城県石巻市

2015年 12月6日

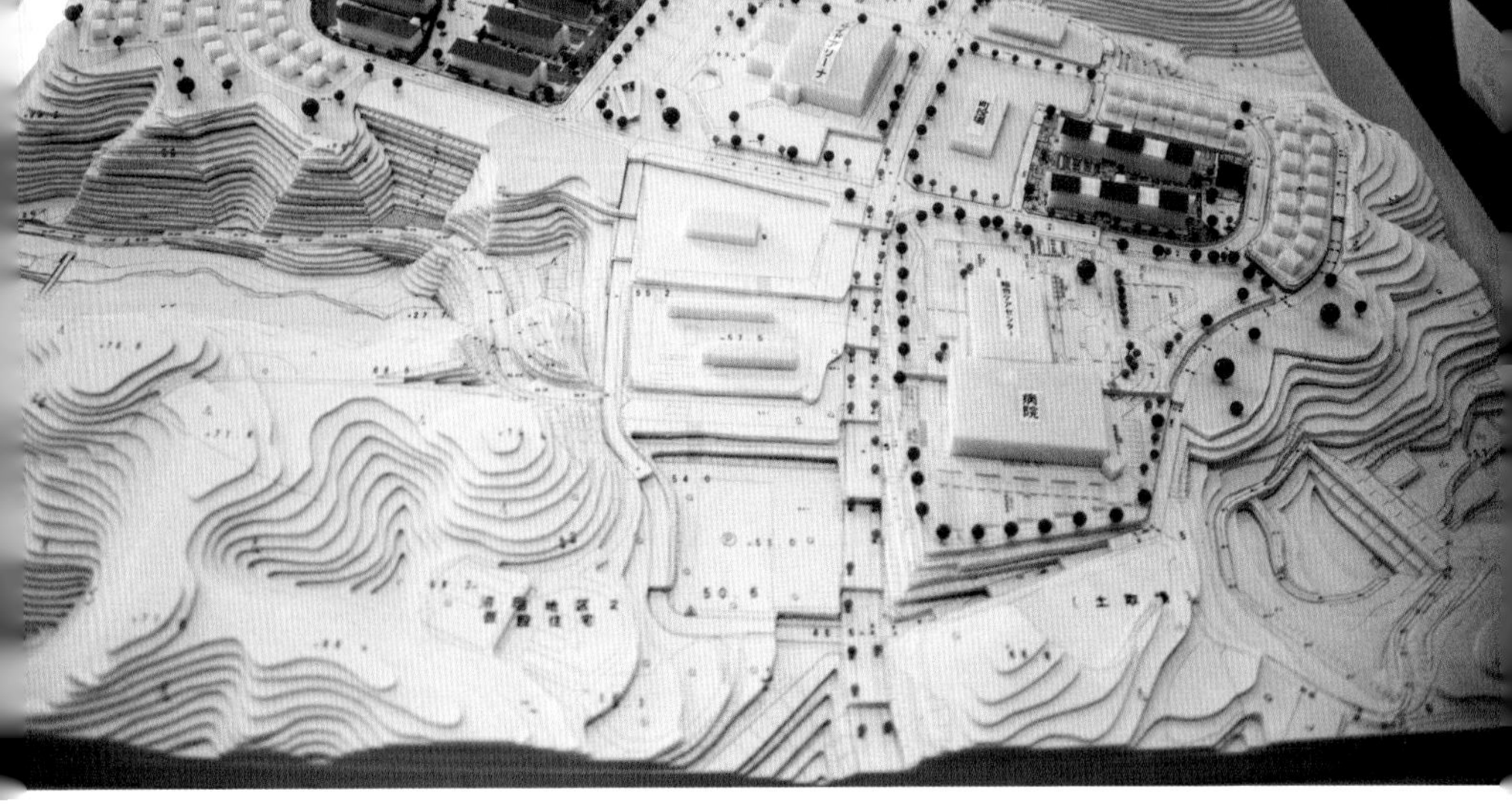

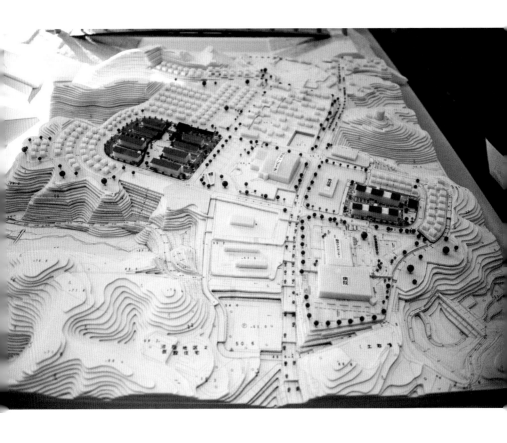

2011年 61月28日 宮城県南三陸町

2016年 1月28日

2011年 61月28日 宮城県南三陸町

2016年 1月28日

2011年 63月2日 福島県楢葉町

2016年 3月2日

2011年 63月2日 福島県楢葉町

2016年 3月2日

2011年 63月11日 宮城県南三陸町

2016年 3月11日

2011年 64月14日 大阪市

2016年 4月14日

2011年 65月23日 福島県浪江町

2016年 5月23日

2011年 65月23日 福島県富岡町

2016年 5月23日

2011年 65月23日 福島県浪江町

2016年 5月23日

2011年 68月8日 東京都目黒区

2016年 8月8日

2011年 63月5日 宮城県石巻市

2016年 3月5日

2011年 74月22日 宮城県石巻市

2017年 2月22日

2011年 75月5日 宮城県南三陸町

2017年 3月5日

2011年 75月11日 宮城県石巻市

2017年 3月11日

2011年 86月13日 宮城県南三陸町

2018年 2月13日

2011年 86月13日 宮城県南三陸町

2018年 2月13日

2011年 87月5日 福島県富岡町

2018年 3月5日

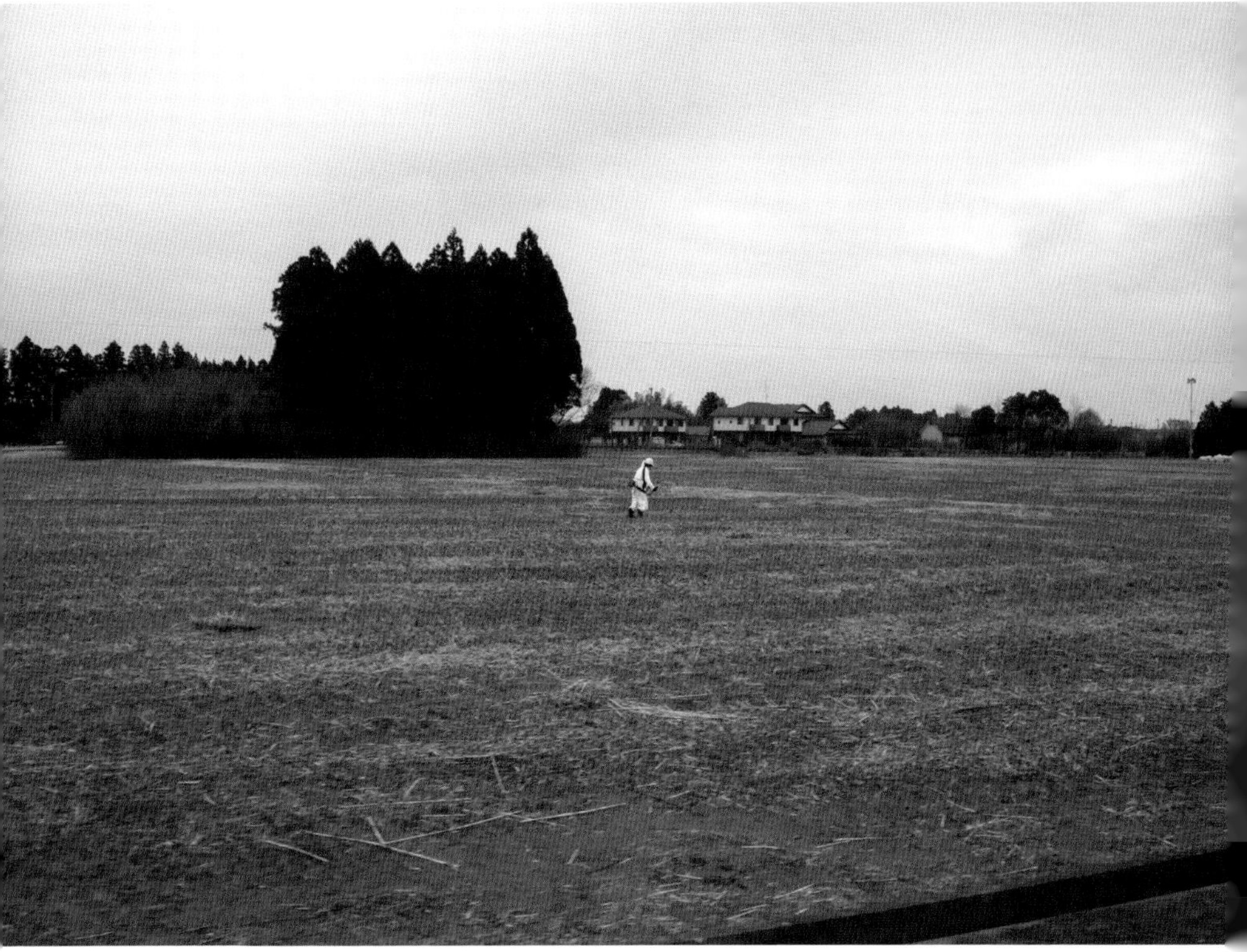

2011年 87月5日 福島県富岡町

2018年 3月5日

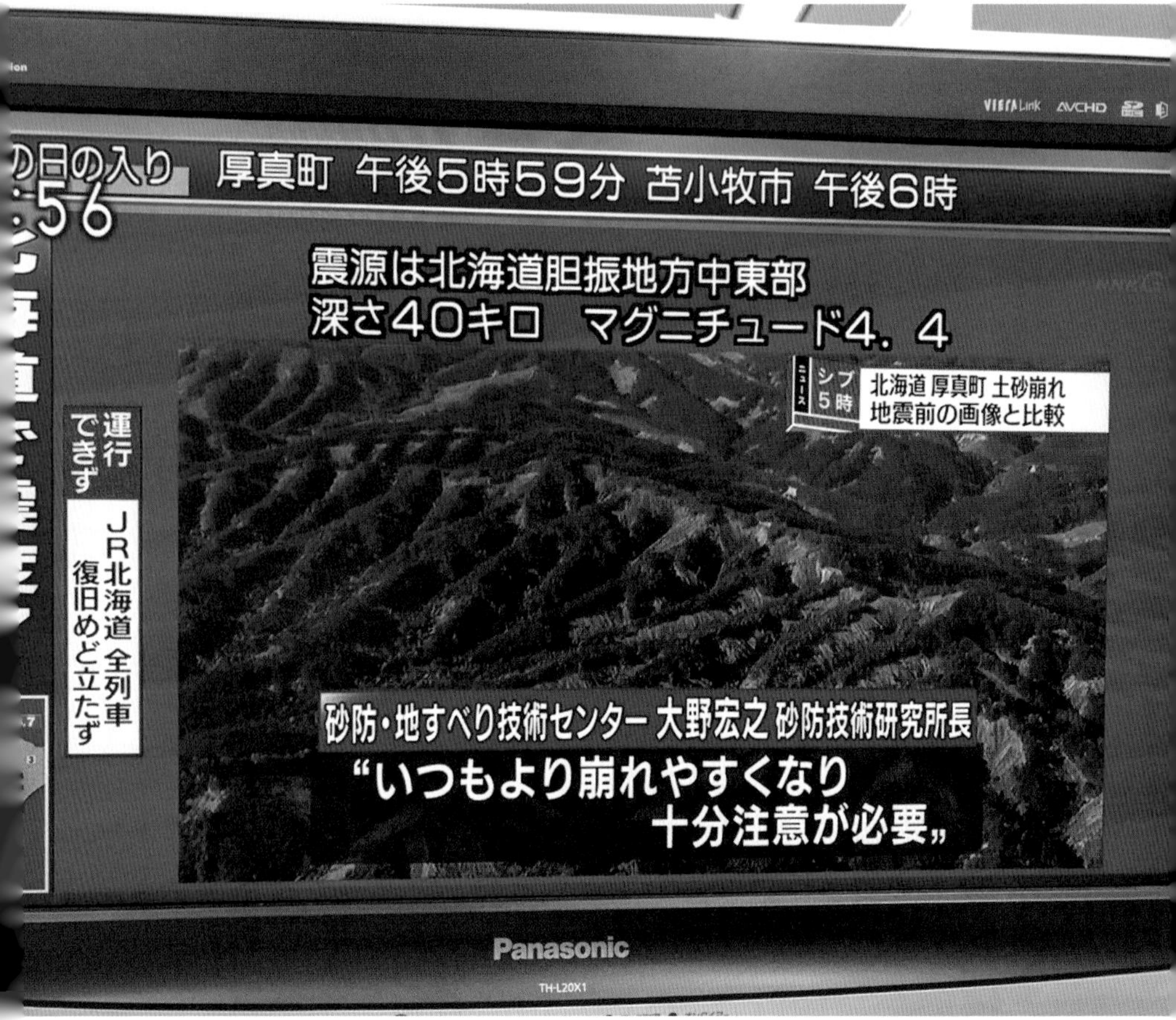

2011年 93月6日 大阪市

2018年 9月6日

2011年 105月29日 宮城県石巻市

2019年 9月29日

2011年 111月11日 福島県大熊町

2020年 3月11日

2011年 111月11日 福島県大熊町

2020年 3月11日

2011年 112月16日 東京都渋谷区

2020年 4月16日

2011年 119月23日 宮城県石巻市

2020年 11月23日

2011年 119月23日 宮城県石巻市

2020年 11月23日

2011年 119月23日 宮城県石巻市

2020年 11月23日

2011年 119月22日 宮城県石巻市

2020年 11月22日

2011年 119月22日 宮城県石巻市

2020年 11月22日

2011年 121月18日 東京都豊島区

2021年 1月18日

I　瓦礫の中の闘い

２０２０年11月23日　あの日の記憶

海岸線までは８００メートルほどの距離があるはずだが、遮蔽物がないため、強い海風がビデオカメラに嫌なノイズを残していく。震災以来、取材を続けている佐々木有里さんの胸には生まれたばかりの次男瑛大《あきと》くんが眠り、小学校1年生になった長男温大《はると》くんが元気に走り回っている。風防が付けられないカメラを選んだことを悔やみながら、外でのインタビューは無理だなと思う。久しぶりに訪ねたその町は、想像していたのとは違い、いまだに広大な工事現場であった。宮城県石巻市門脇町。津波ですべてを流されたこの町に通い続けて、10年が経とうとしている。

　僕が通っている場所には石巻市門脇町と南浜町という隣接する二つの町があった。町を洗い流された土地は、時の流れとともにその様相を変える。生活にまつわるありとあらゆるものが一帯を覆い尽くしていた震災直後。やがて自然の力がこの土地を奪い返し、瓦礫の間に芽吹いた草が緑で覆い尽くした。一つの土地を巡る、文明と自然の綱引き。

　人間の力が再びこの土地に及ぶようになったのは、震災から5、6年が経った頃だろうか。海岸線から離れた場所には人の暮らしが戻り始め、海沿いには長い堤防が完成した。一度は草原となったこの町だが、ここ数年は「石巻南浜復興祈念公園」の建設が続いている。地震、津波、火災そして地盤沈下。複合的な災害を受けたという〝土地の記憶〟を伝えるための「公園」の建設工事は、コロナ禍も続けられ、2021年3月28日に開園予定となっている。

何も変わらないように見える町でどんどん変わっていくのは、子どもたちの姿だ。震災直後に出会ったとき、瓦礫の上で母親の遺体を捜していた佐々木有里さんは独身だった。この10年の間に2度の結婚を経て、いまは二児の母となっている。

ますます強くなる海風を避けるため、僕たちは小さな建物に入った。荒地にポツンと建っている「南浜つなぐ館」。ここには、津波に流される前の町並みを750分の1のサイズで再現した模型が展示されている。5年前の映像を見返してみると、言葉を覚え始めたばかりの温大くんが「これお家？」と繰り返しながらぼんやりとこの模型を見つめていた。2020年、すっかり少年らしくなった彼は、津波が来た時のことが気になって仕方がないようだ。

「こういうこと？　たとえばここを車が走っていて津波が来たらさ、ガソリンが漏れてさ、爆発したってこともあるの？」

「車と車がぶつかって、それで流れてきて小学校にくっついたんだよ。だから学校が燃えたの」

「燃えたの？　学校が？」

10年前に見上げた、黒く焼け焦げた小学校の姿が僕の頭をよぎる。どこにでもあるような小学校が、あれほどまでに無残な姿を晒《さら》していることが、信じられなかった。そんなイメージを通して記憶は、津波を知らない世代にも受け継がれるのだろうか。

「ママ、たとえばさ、いま俺が7歳だけど、津波が来たら、逃げられるかな?」

「どうだろう。簡単なものじゃないよ」

「1年生であんまり体力もまだないし、津波が来たらご飯も食べれなくねっから回復できないし。走って足が痛くなったら逃げきれなくなっちゃうかもしれないし」

「逃げられると思う?」

「いや、思わない。一瞬で終わると思う」

　僕は素直に驚いていた。７歳の少年がここまで津波のイメージを具体化し、想像を巡らせることができるのだということ。あの日、津波で助かった母親が、繰り返し息子に津波の恐怖を語ってきたことを強く感じた。

２０１３年1月26日　新しい命

　温大くんを身籠ったことを佐々木有里さんから直接聞いたのは、２０１３年1月のことだった。石巻郊外に建てられた仮設住宅の周囲は暗く、降り始めた雪に身を縮めながら僕は有里さんを訪ねた。震災で家を流されて以来、３軒目の住居だった。急ごしらえの仮設住宅は狭いとか寒いというニュースを何度か見たことがあったが、少なくとも佐々木家の「仮設」はとても暖かかった。震災から丸2年が経とうとする時期で、有里さんのお腹はだいぶ大きくなっていた。ちょうど6か月を迎えるところだという。震災直後、ゼロからスタートした避難生活だが、家具も家電も少しずつ増えていた。僕はコタツに入りながら話を聞く。

「これは母子手帳。これがエコー写真で、５か月の最新版はこっち。これが目と鼻」

初めて出会った日、彼女の家の瓦礫の中からいくつかの産着が出てきた。それは甥っ子や姪っ子の使った古着で、津波で流された母・廣子さんが「有里の子どものために」と取っておいてくれたものだった。２０１１年３月、彼女はその瓦礫の下にいるはずの母親を掘り出そうとしていた。

「あの時期は結婚もできないと思っていたし、するにしてもまだ先だと思っていたけど……」

月日は人を癒し、変えていく。その夜の有里さんはいままでとは比べようもなく喜びに満ちていた。震災直後に被災者の一人として出会った彼女はいま、この場所が仮設住宅であるということを除けば子どもを身ごもった喜びと責任に満ちた一人の女性であった。有里さんが母になる。あの日、瓦礫の中で見つけた産着が、震災を知らない赤子を優しく包む姿を想像した。

2011年3月11日　被災地を遠く離れて

震災当時もいまも、僕は大阪に本社を置くテレビ局の社員として報道番組の制作に携わりつつ、個人的には写真家として活動している。２０１１年3月11日、金曜日。その日の主なニュースは政治家を引退すると言っていた石原慎太郎氏が次期都知事選にむけた出馬会見を行うということと、菅直人首相に在日外国人から献金が行われていたという疑惑。そして前日に亡くなったタレントの坂上二郎さんについてのものだった。

午後2時46分、大阪にいた僕は揺れをまったく感じなかった。覚えているのは「緊急地震速報」のアラームが鳴ったことだ。速報が鳴ると誰かが予測震度を伝えることになっている。普段は「震度３」やせいぜい「４」なのであまり気にかけないのだが、このとき「宮城震度５、いや６」と聞いて「６?」という言葉が口をついて出たことを覚えている。やがてＮＨＫが映し出した地図には「震度７」という初めて見る数字が刻まれていた。

その何年か前、僕はテレビディレクターとして津波についての特集を作ったことがあった。当時、津波そのものを捉えた映像は存在しておらず、その実態を伝えるために僕は静岡の実験施設でミニチュアの再現映像を撮った。「津波の映像は存在しない。なぜならそれを撮影したものは津波に呑まれてしまうからだ」と施設の人は言っていた。しかし、スマホの進化がその常識を変える。２００４年のスマトラ沖地震では津波が街を押し流す映像が様々な場所で撮影された。リゾート地が黒い波に呑み込まれ、数十秒前まで車が行き交っていた道は、一瞬にして川となり人や車を押し潰した。死者23万人以上とされるこの津波の映像は、凄まじいものだった。

津波は、単なる大きな波ではない。地震で膨れ上がった巨大な水が塊となって海岸の町を襲うのだ。それを避けるための唯一の手段は「海沿いに町を作らないこと」でしかない。そんな特集をテレビで放送したこともあったが、町の移転など現実的には絵空事であった。

２０１１年３月11日の夕方。テレビは黒く濁った巨大な水の塊が猛スピードで大地を進む姿を映し出していた。その進行方向には道路があって、車が走っている。「あ……」と思っている間に津波はその場所に到達し、車を流してさらに進んでいく。現実感がまったくないが、画面に映る車には人が乗っているはずだ。いま、津波に呑まれた家にも人が残っているかもしれない。

僕たちが知っている日常はあまりにもあっけなく終わったのだな、と思った。一つ一つの映像が普段なら大ニュースだが、それが同時に数百カ所、もしくは数千か所で起きていた。

わけのわからないまま、僕は取材体制の構築や情報の整理に追われることとなった。当時38歳だった僕の仕事は「デスク」と呼ばれるまとめ役で、現場には自分よりも若いスタッフが派遣された。大地震、津波に加えて福島では原発事故も発生し、東京から疎開する人まで出てくる中で、情報は刻一刻と変化した。スタッフが現場で撮影してくる映像や、昼夜を問わず繰り返される記者会見。こうした情報をまとめ、午後の情報番組を作り続けた。

テレビ局員として自分に求められているのは「デスク」としての仕事だ。しかし、自らの足で現場に立ちたいという気持ちは断ち切れなかった。震災の1か月前、僕は写真家として専門学校で講演し、「歴史の目撃者として撮り続けたい」と話していた。まさにその「歴史」がこの日本で起きている。震災発生から10日間、ほぼ泊まり込みの仕事の後に3日間の休みが与えられることとなり、僕は迷わず東北へと向かった。

２０１１年３月23日　シャッターを切る葛藤

3月21日、大阪のコンビニで非常食を買い込んだ僕は、番組スタッフが拠点としていた山形へと飛んだ。山形駅近くのホテルで仮眠。3月22日、早朝からスタッフの車に同乗して宮城県気仙沼市へと向かう。番組はこの日、10日遅れで行われる卒業式を取材することになっていたのだ。

太平洋岸の被災地までは片道4時間ほどの道のりだった。深緑色の自衛隊車両が当たり前のように行き交う道路は「非常事態」であることを強く感じさせた。ガソリン不足は慢性化し、給油のために7時間、8時間待つことも珍しくなかった。インフラが途絶するということの恐ろしさ。ドライブインのトイレには流されない汚物がたまり、惨憺たる有様だった。食料の棚が空っぽになった売店で、土産物のまんじゅうだけが売られていた。わずかながら食料品が売られているスーパーには、長い行列ができている。震災前の「日常」の形を残したまま、町はまったくの「非日常」へと変わり果てていた。

「ようこそ気仙沼へ」という看板に出迎えられて、町へと入る。震災から12日目の朝、車窓にはその明るい言葉とはかけ離れた光景が広がっていた。道路はヘドロに覆われ、あちこちのガードレールには、流された車が斜めに引っかかっていた。信号は動かず、警官が手旗信号で交通整理をしている。海沿いの松岩地区は粉々に砕けた木材と、作り損なった模型のように傾いた家が転がっており、その合間にいくつもの車が無残な姿を晒《さら》していた。近づくと、テストの答案や漫画雑誌や大切に書かれたであろうノートが目に入った。

高台にある気仙沼市立松岩中学校には、それでも生徒が集まっていた。避難所からジャージ姿で集まった生徒たちは久しぶりに携帯電話を充電し、お互いの無事を確認していた。卒業式の空気は凛として澄んでおり、そこにはかけがえのない日常があった。新しく通うことになる高校の話や遺体安置所になった体育館の話を聞いていると、誰かが誰かに告白した……なんていう噂話も聞こえてきた。外から見れば「被災地」と一括りにされてしまう気仙沼だったが、「卒業式の日に振られる」という青春の残酷さは健在で、それはとても健気で美しいものに感じられた。

3月23日は、早朝4時にタクシーで山形を出発。仙台を抜け、太平洋岸を北上する。塩竈に着いた頃に夜が明けた。遊覧船が防波堤に乗り上げ、小さな船が道を塞いでいる。ＴＳＵＴＡＹＡが津波に襲われていた。朝の光がその惨状を美しく照らしている。……「美しい？」という疑問が同時にわいてきて、自分の思いを否定しようとする。

一人でカメラを下げてこの場所に立つことには、強い葛藤があった。いま僕は写真を撮るために東北に来ている。それは何のためなのか。身体は写真を撮ることを求めるが、頭はその理由を求めていた。東北を撮るべき写真家は大勢いるだろう。なぜ自分がここに立ち、シャッターを切るのか。どこかで「理由」という名の「言い訳」を探していた。

塩竈を過ぎ、松島を越えると被害の規模が格段に変わってくる。この先にあるのは東松島、そして石巻。数千人単位で人が流され、いまも見つかっていない地域である。

閉鎖したコンビニエンスストアの駐車場で車を降りた。地図で確認すると「陸前小野駅」の近所ということになる。新興住宅地らしく、真新しい建売住宅が並んでいる。水際に沿うように走る線路は大きく破損し、車や家の屋根といった巨大なものが乗り上げ、その合間に昭和を感じさせるレトロな人形や古風な結婚式写真が散乱していた。吹き抜ける風が水面を揺らす。目の前のそれは池でも川でもなく、津波が作り出した巨大な水たまりだった。

あらゆる場所で泥にまみれた「写真」が目に入って来た。裏返しになった白い紙が気になり、操られるようにしてひっくり返してみると旅先のスナップや結婚式、あるいは赤ちゃんの写真だったりした。人の生活に土足で踏み込んでいるような感情になり、僕は自己嫌悪に陥りながら写真をめくり続けた。人の生活にまつわるあらゆるものがその価値を失い、渾然一体となって「ただのモノ」に還る。そして僕はそこに再び「意味」を見つけ出す。教科書やノートがぎっしりと詰まった赤いランドセルに濡れた枯れ草がまとわりついている。僕は腰をかがめてそれを撮る。その行動に嫌気がさしながらも「畜生」と心で呟きながらシャッターを切った。

２０１１年３月23日　石巻市門脇町４丁目　佐々木家

東松島市から石巻市へ移動すると、町の一部ではなく、町そのものが津波に襲われていた。車のディーラーやパチンコ店、ファストフード店、携帯ショップ。見慣れたロゴを配した看板の下は、どれも大きく破壊されていた。途中、地元の青年に話かけると「日和山《ひよりやま》には行きましたか？」と聞かれた。石巻の海岸線を見下ろす日和山は、地元の人なら誰でも知っている場所なのだが、もちろん僕は知らなかった。「ぜひ、行ったほうがいいですよ。そこから見えるのは、本当に恐ろしい景色です」。僕は夕暮れまでに南三陸町まで行くつもりだったので、彼の言う「日和山」を見たらすぐに石巻を後にするつもりでいた。しかし、その日和山から見た光景こそが、この後も僕をこの町に通わせるものとなっていく。

　やがて辿り着いた日和山から見下ろした町は、すべてが破壊し尽くされていた。均等に建っていたはずの家々は津波で押しつぶされ、山のふもとで折り重なっていた。それでもわずかに通っ

た道を、呆然と人々が歩いている。さっき出会った地元の青年は「地獄を見下ろすかのような」場所だと言っていたが、それ以上だった。太陽はまだしばらく沈まないだろう。茫然とした人々を背にして、僕は日和山のふもとへと降りて行った。

日和山のふもとは10センチの隙間もなく、まるでシュールレアリズム絵画のように歪んだ世界があった。週刊誌の記者だという男女と一緒に道を探し、身体をよじらせながら進んだ。やがて道らしきところに出ると、目の前の民家の屋根には「遺体アリ」と大きく書かれていた。

日和山の下に広がっているのは、石巻市門脇町という名の町だった。iPhoneで現在位置を確認すると、グーグルマップはそこが「門脇町4丁目」であることを示した。自分がいる場所は郵便局の前で、ちょっと進むと薬局がある。その先には小学校があるはずだった。目の前にあるのは道とは言えない道と、瓦礫というにはあまりにも忍びない人々の生活の痕跡だった。僕は、そのとき初めて「町が消えてしまった」ということを実感した。

釘が突き出た材木があちこちに顔を出していた。それでも通れそうな場所を探して瓦礫の中を歩く。安定した足場を求めてタンスに乗り、ソファを踏んで、扉に飛び移った。石だと思って足を乗せたのは、横倒しになった墓石だった。美しい字で書かれた丁寧な手紙や土地の権利証、そして「へその緒」。家の奥にしまわれていたであろう大切なものが無造作に散乱している。聖書もあれば、エロ本もあった。人間の清濁がすべて混在する大地は、黒くぬかるんでいた。

津波は音さえも奪い去った。門脇4丁目はとても静かで、チチチ……という鳥の鳴き声と、瓦礫を踏み分ける自分の足音だけしかしない。上空を通るヘリコプターの音さえなければ、静寂の世界と言ってよかった。時折、地元の人とすれ違う。どんな顔をすればいいのかわからず、すれ違うたびに「ご苦労様です」と声をかけた。

今回僕が東北を訪れたのはあくまでプライベートなもので、テレビの取材をしようという気持ちはなかった。しかしいま、目の前で多くの人が瓦礫の中を歩き回り、肉親を自力で捜そうとしている。この事実を伝えるには写真より映像ではないか。僕は慌てて日和山に引き返し、タクシーのトランクに入れっぱなしのビデオカメラを手にとった。ビデオを持っていたのは偶然に過ぎない。スタッフに託していた自分のカメラを前日に返却されていたのだ。充電は満タンだった。

こうなったらテレビの取材をしよう。僕は腕章を付け、先ほど両親を探していると言っていた女性に話しかけた。その人は取材を受けてはくれず「私はこれから仕事なので、あちらの人に聞かれたら……」と屋根の上で作業をする女性を指差す。屋根の上の女性は作業の手を止める様子もなく、「テレビ局とかって笑ってやるもんでもねぇしな……」と呟いている。難しいかな？

と思いつつ僕は話しかけた。

――お話、聞かないほうがいいですか？　ご迷惑だったらすぐ帰りますので。

明らかに取材を警戒しているようだったが、僕はそのまま話を聞いた。

「何するんですか？」

――いま、ご自分で家族を捜さないといけない方々がいらっしゃるという現状を伝えたいと思って。どなたをお捜しになっていらっしゃるんですか？

「母親を捜してるんですけど……。重機が入ってない状況なので……捜してました」

――ご自分の家がここまで流れてきているということですか？

「屋根の形から家を見つけて、その中から母親の買ってくれた浴衣を見つけて……」

――そっちに上がってもいいですか？

「いいですよ、こちら側から……」

短い会話だったが、少しだけ心を開いてくれたような気がした。僕は瓦礫をかき分け、屋根に登った。瓦は想像以上にツルツルと滑り、登りにくい。

屋根の上にいたのは当時27歳の佐々木有里さんと兄の善幸《よしゆき》さん、父の昭太郎さんだった。この屋根の下にいるはずの母・廣子《ひろこ》さんを捜していた。津波で流された被災者は、まず自分の家がどこにあるのかを探す必要があった。自衛隊の重機はまだ入っておらず、有里さんは兄、父とともに自力で母親を捜していたのだ。

「いま、お母さんが買ってくれた着物が見つかったので。この下に埋もれていると思うんですよ。

重機が入ってくれればいいんですけど、あと1週間くらいで遺体も見られなくなると言われているので自分たちでやっているんです」

津波の際、廣子さんは昭太郎さんと一緒に逃げたものの、避難所に指定された門脇小学校は門が開いていなかったので入れず、そのまま帰宅してしまった。父は車を避難させるために家を離れた。その距離わずか数百メートル。そこを津波が襲い、母親は家ごと流されてしまったのだという。

屋根の下には、生活用品から車まで、あらゆるモノが高密度でひしめき合い、個人の力で掘るには限界があるように思えた。通りがかった自衛隊員に「重機を入れてほしい」と訴えたが、広大な被災地で、そう簡単に重機は回ってこない。時おり雪がちらつく屋根の上で有里さんは涙ながらに話を続けた。

「こんな娘を結構心配してくれている母だったので。親孝行ができなかったのがすごく申し訳ないなと思います。だからどうしても遺体だけでも探すのが務めだと思ってずっと捜しています」

被災者たちは食事も十分に取れない状況で、何日も同じ服を着てこうした場所に通っていた。怒りと悲しみが絡み合い、それが逆に小さな身体にエネルギーをもたらしているように思えた。そしてこの映像を撮影している最中に見つかったのが、彼女が結婚したときのためにと母親がとっておいてくれていた産着だった。

「これ、うちの子どもたちが着た産着で、まだ綺麗だったので……」（善幸）

「私が結婚したときに孫が着るようにって、２階に置いていたものですね。お母さんがとっておいてって。……諦めないです。だって私が捜すしかないからね。自分の家族は自分で守る。悔いが残らないっていう形に私はしたいから」（有里）

　こうして僕は佐々木有里さんとその家族に出会った。この偶然に導かれて僕は、その後10年間、この町の撮影を続けることとなっていく。

２０１１年３月23日　石巻市南浜町４丁目　高梨家

　佐々木さん一家と別れた後、僕は門脇小学校へと向かった。佐々木さんの両親が避難しようとして向かい、入れなかった場所だ。日和山を背にして建つ小学校の校舎は黒く焼けただれ、異様な雰囲気を醸し出している。校庭には、どこかの工場の天井部分だったトタンがグニャグニャになって敷き詰められていた。一面の焼け野原となっていて、茶色く焼けた自動車が校舎に押し寄せるように幾重にも重なり合っている。そこで、一人の男性と出会った。

　高梨勉さん、50歳。長靴を履いてトタン屋根の上を歩いているところに声をかけた。「いま、義母《はは》の遺体をそこの車の中で見つけてきたんですよ」と彼は言った。

　あの地震の後、高梨さんの妻・京子さんは母親と車でこの学校の校庭に入ることができた。この学校に通う息子・育臣《なるみ》くんの安全を確認するために校舎に入ると、児童はすでに裏手の日和山に避難したあとだった。京子さんは息子を追って裏山を登った。

　そして津波がやってきた。二人は無事だったが、車の後部座席にいた母親はそのまま津波に呑まれてしまった。それだけではない。集まっていた車が津波とともに校舎に押し寄せ、そこに火災を起こした住宅が流れ着いたのだ。炎は流された車のガソリンに引火してさらに燃え広がった。消火活動が行われるはずもなく、三日間にわたって延焼。それはまさに、地獄の光景だった。

そして震災から13日目となるこの日、高梨勉さんはようやく熱が冷めて歩けるようになった校庭で自らの車を探し出し、その中にいる義母らしい遺体を見つけたのだった。彼の話は、さらに続いた。「娘がまだ、見つからないんですよ」。

あの日、コンビニエンスストアで働いていたはずの18歳の娘・聖理《さとり》さんが、まだ見つかっていなかった。自衛隊や警察による捜索は続いていたが、それを待っているわけにはいかない。高梨さんは自分の力で〝セブン - イレブンの上着を着ているはずの〟娘を捜そうとしていたのだった。大きな瓦礫の裏側を覗きながら、聖理さんの働いていたコンビニがあった場所まで一緒に歩いた。グーグルのストリートビューで見れば、当たり前の町がそこにある。目の前に広がる町はどこが建物でどこが道だったのかも判然としないが、高梨さんは真っ直ぐに進んで行った。地元の人が八間道路《はっけんどうろ》と呼ぶメインストリートには、自衛隊車両が行き交っている。高梨さんの長靴の底が溶けているのは、火事の熱が残っているときに瓦礫の中を歩いたからだ。この10日間で彼が見つけた遺体はおよそ10体。2週間前にはごく普通の生活を送っていた高梨さんにとって、10体もの遺体を見つけるというのはどんな感覚なのだろうか。

「んー、麻痺しちゃってるんですかね。死体っていう感じじゃないんです。あぁ、娘じゃなかったなって、それだけです」

聖理さんが働いていたコンビニは完全に流され、建物の基礎部分とレジ周りの機械以外は何も残っていなかった。最近見かけるようになった電子マネーnanacoの端末が、まるで爆撃されたかのような姿を晒《さら》しているのはとても奇妙だった。震災の日、聖理さんはバイトのシフトを入れていなかった。しかし直前に他の人が来られなくなったため、ヘルプで入ったのだという。

　コンビニだった場所には、大きな家の屋根が乗り上げていた。本来あった建物が流され、別の場所から流されてきた住宅の2階部分が引っかかって残されたようだった。海沿いから流れてきた誰かの家。屋根の下には押し入れがあり、カバンや表彰状が見えている。ズラリと揃った漫画のコレクションもある。近づくと瓦礫の中から「その家の匂い」がすることに驚いた。誰かの家を訪ねたときに最初に感じる、あの感覚だった。

　高梨さんはこれからも娘を捜し続けたいが、そういつまでも仕事を休むわけにはいかない、と話していた。「仕事をする」という日常はどんな人にもやってくる。たとえ自宅が流され、娘が行方不明になっても、いつまでも「非日常」の暮らしを続けるわけにはいかないのだ。この話をテレビで伝えるには、聖理さんの写真が必要だ。しかし、彼女の写真はすべて流されてしまったのだと父は言う。彼女の年齢を改めて聞くと「5月で19歳になるんです」と答え、高梨勉さんは瓦礫の中に戻っていった。

　瓦礫を踏んで歩くときの感触はしばらくの間、僕の足に残って離れなかった。まとわりつく泥、細かい木材がパキパキと折れる感覚、ガラスが小さく割れる音。その感触を残しておきたいと思い、不安定な足場でもカメラを回し続けた。日が落ちるまでの残り時間、門脇町、南浜町を歩きながら、町の雑感を撮影して回った。

２０１１年３月28日　被災地を伝えるということ

被災地の状況は刻々と変わっていく。僕は、デスク業務をしながら自分のＶＴＲの編集を行った。「太平洋岸７００キロにわたる被災地の全貌を伝えることは不可能だ。だからあえて、石巻市門脇町４丁目で起きたことに絞って伝える」という宣言のような台本を書いた。

３月28日、月曜日。石巻の二組の家族の物語は「瓦礫の中の闘い」と名付けた14分49秒のドキュメンタリーとして全国に放送された。放送後、佐々木有里さんは早口で、ちょうど放送が行われていた時間に母・廣子さんの遺体が発見されたことを教えてくれた。やはりあの屋根の下にお母さんはいたのだ。しかもその発見が放送時刻に重なったということを聞いて鳥肌が立った。

高梨勉さんももちろん、放送を見ることはできなかった。しかし知り合いから多くの反応があったそうで、そのことを感謝された。「いま、自衛隊の風呂に入ってきたんですよ。久しぶりの風呂が気持ちよかった」と話してくれた。聖理さんはまだ、見つかっていない。高梨さんはいまもあの瓦礫の町を歩いているのだ。

３月29日、東京。店先には「節電のお断り」が貼り出され、コンビニの中は防犯が心配になるくらいに暗かった。モニターの消えた渋谷のスクランブル交差点では大勢の人々が無言で行き交い、普段は意識しない足音がとても大きく聞こえた。午後６時なのに、深夜１時くらいの雰囲気。ドン・キホーテの前を通っても「♪ドンドンドン、ドンキ」という音楽は流れていない。

緊張した雰囲気の中で、すべての人がいままでよりも少しだけ優しくなったような感じがした。かつては会話を交わすことのなかった人同士が「節電」をきっかけに言葉を交わすことのできる世界。震災をきっかけに、あらゆる価値観が変わったことを感じる。

「瓦礫の中の闘い」を放送した後も休みなくテレビ番組の制作は続いていたが、一方で写真家として手作り写真集の製作も行っていた。石巻で撮影した瓦礫の町と気仙沼の卒業式を組み合わせた写真集で、『ｈｏｐｅ／ＴＯＨＯＫＵ』と名付けた。知人の協力を得て１１１部を徹夜で作成し、４月２日から３日にかけて原宿の表参道ヒルズで開かれたアートブックフェアに出展した。

アーティスティックな作品集が並ぶ会場で、東北の被災地そのものを扱ったこの本は異質なものだった。多くの人が立ち止まり、黙々とページを繰り、購入してくれた。

震災から１か月も経っていないこの時期に、こうした会場で被災地の写真を売ることが許されるのか？　その思いは常に僕の心の中にあった。被災地に行く写真家に対する否定的な意見はツイッターでも散見されたし、実際に耳にもした。僕は、自分の目で被災地の現状を見たいと思って現場を訪れ、写真を撮った。そこで見たものを多くの人に見てもらいたいから写真集を作り、販売している。一方で、興味本位の自分のエゴに、苦しみ喘ぐ被災地を利用しているのではないか——その思いが消えることはなかった。

会場で、ある写真家が『ｈｏｐｅ／ＴＯＨＯＫＵ』に目を通し、発したのは「かわいそう」という言葉だった。それはつまり「作家のエゴに付き合わされてかわいそう」ということだと思う。その言葉は、僕が内心で悩んでいたことを突いた。彼と一緒にいたもう一人の写真家は「それでも俺はこれ、いいと思う」と言って一冊購入してくれた。いま、被災地を「作品」にしようとする奴らがいる。それは許せないが、この写真集はそういうものとは違う、と言ってくれた。その言葉は嬉しかったが、僕の心はやはり最初の一言に揺らいでいた。

もし僕が『ｈｏｐｅ／ＴＯＨＯＫＵ』を作ることなくこの会場に行き、同じように被災地で撮影した写真集が販売されていたとする。そのとき僕は、どんな反応を示すのだろうか。もしかしたら「かわいそう」と思ったかもしれない。「被災地で写真を撮ることなんて許されない」。そう言い切ってしまえる人が、羨ましくさえ思えた。

結局『ｈｏｐｅ／ＴＯＨＯＫＵ』はほぼ完売し、売り上げは日本赤十字社に寄付した。そのうちの一冊が写真評論家の飯沢耕太郎さんの手に渡り、秋には飯沢氏と共に共著『アフターマス——震災後の写真』（ＮＴＴ出版）を出版することとなる。その本には『ｈｏｐｅ／ＴＯＨＯＫＵ』がほぼそのまま組み込まれることとなった。出版の際、再び気仙沼を訪れて先生や生徒、親御さんに写真使用の了解を取った。銀塩プリントを渡すと、とても喜んでくれた。

あの日、「かわいそう」と言った写真家と再会したのは２０１９年のことだった。たまたま訪れたギャラリーで写真展を開いていたのだ。僕が名乗ると、彼はまず「あのときはごめんね」と言った。８年も前の一瞬の出来事を覚えていたことに驚きつつも、嬉しい言葉だった。あの日の発言が間違っていたとは思わない。しかし、あの写真にはやはり意味があったという趣旨の話をしてくれた。もちろんその言葉で自分の写真が肯定されるわけではない。しかし２０１１年に感じたあの葛藤に、ささやかな答えを得た気がした。

2011年4月10日　遺体安置所

次に東北に向かったのは4月7日のことだった。大阪から新幹線で東京駅に向かい、高速バスに乗り継ぐ。鉄道は復旧しておらず、東北は依然として遠かった。23時32分、乗客の大半が寝静まった真っ暗な車内に、ジャラン、ジャラン、ジャランという不気味な音がこだました。スマホが一斉に緊急地震速報を受信したのだ。「え？　震度6？」という声がして見知らぬ者同士が会話を始めた。ニュース速報は「仙台付近で震度6強」と伝えていたが、バスの中なので情報は限られている。深夜、サービスエリアに立ち寄ったとき、ヘルメットを被った東京のニュースキャスターが同じ情報を繰り返すテレビを見て、その地震の大きさを実感する。仙台市宮城野区で震度6強を観測したその地震は、東日本大震災以来最大の余震と呼ばれることになった。

2週間ぶりの東北。瓦礫は道の両側に片付けられ、車は幾分走りやすくなっていた。宮城県石巻市へと向かう途中、東松島市の野蒜《のびる》地区に立ち寄った。海岸の松林はことごとくへし折られ、わずかに残った幹には瓦礫が絡まっている。震災直後の新聞によると、木に引っかかったままの遺体もたくさんあったという。それはわずか3週間前のことに過ぎない。

海岸に近い住宅地ではあらゆる建築物が失われ、わずかに残された門扉には、行方を尋ねる人のメッセージがマジックで書かれていた。

3月19日　○○連絡ください。毎日来ます。

4月4日　やっと来て見ました。無残です。

テレビのCMでは携帯電話会社による伝言サービスが紹介されていたが、ここでは〝門に直接書く〟という方法が取られていた。こうした光景は、町の様々な場所で見られた。

4月10日、日曜日。地元の新聞には、死亡が確認された人の名前が数ページにわたって並んでいた。先日死亡が確認された佐々木有里さんの母、廣子さんの名前もある。しかし、石巻のコンビニで働いていた高梨聖理さんの名前はない。まだ見つかっていないのだ。僕は、門脇中学校に避難している高梨勉さんを訪ねた。

そこは、僕にとって初めての避難所だった。壁には読み切れないほどのメッセージが貼られ、常に人々が歩き回っている。高梨勉さんと妻の京子さん、そして小学4年生の長男育臣《なるみ》くんが肩を寄せ合って暮らしている。メディアでは避難所のプライバシーが問題点として指摘されていたが、何の仕切りもなく、お互いの荷物や毛布が各家庭の境界線だった。多くの人が「震度6弱恐怖再び」という大きな見出しの新聞を食い入るように見ていた。

東日本大震災から1か月。極限状態のなかで秩序を保ちながら体育館内で過ごすことは、容易ではない。朝食の時間帯、僕はなるべく目立たないように隅でじっとしていたのだが、すぐ横ではゴミの出し方を巡って被災者同士が激しく言い争っていた。

高梨さんはこの時期、職場に向かう前に遺体安置所に通っていた。考えたくないことだが、毎日あちこちで発見される遺体を確認する必要があったのだ。安置所に向かう車内で、大切なものを見せてくれた。一つは瓦礫の中から見つけた、娘・聖理さんの写真。文化祭で撮られた写真で、笑顔でピースをしている。もう一つは震災の1か月前に誕生日プレゼントとしてもらった手帳。

そこには娘から父に向けた「いつも仕事ご苦労さま」という感謝の言葉が綴られていた。

「ここまでくると、見つからないで、海外かどっかに行っちゃって全然帰ってこないんだっていうふうに思ったほうがいいのか、なんて思うこともあるんですけどね。でも今日は雨ですけど、瓦礫の中にいるとすれば、早く回収してあげたいなとは思っているんですけど」

石巻市の仮遺体安置所は、旧青果市場だった。震災から1か月近くが経ち、遺体の損傷は激しくなってきている。遺体の確認は、直接見る形ではなくデータと写真を照合する形となっていた。ブルーシートで囲われた一角。まず、身元不明遺体の発見場所と発見日時、服装などの特徴、およその年齢が書かれた資料を見る。老人、中年、若者、子ども、男、女。すべての人々が等しく同じように並んでいる。

さらに奥に進むと遺体の写真が淡々と並んでいる。顔で判別するため、バストアップの写真だ。パンパンにむくんだ顔は瓦礫で打撲をしたのであろう、赤い血を滲ませている。閉じた目には苦悶が浮かび、生前の面影を辿ることは難しく思えた。中でも忘れられないのが小学校3年生くらいの男の子で、顔の一部が黒く焼けただれていた。なんという現実。その誰もが、つい1か月前まで自分たちと何ら変わらない日常を生きていた人々なのだ。

高梨さんが一枚の写真を指差して「最初はこれが娘だと思ったんですけど……」と言った。それはたしかに若い女性だった。長い髪が濡れ、青白い肌に張り付いている。

「でもやっぱり、違うみたいですね」

東日本大震災の死者・行方不明者数は、２０２０年12月10日現在で、1万８４２６人にのぼる（震災関連死を含めると2万２１９３人）。しかしその被害を伝えるために使われる映像も写真も、こうした遺体を掲載することはない。たしかに海外メディアが遺体の写真を載せることはあった。『ニューヨーク・タイムズ』に掲載されたそれは、自宅の階段付近で息を引き取った高齢男性の遺体で、その姿は荘厳なものに感じられた。しかしいま、この遺体安置所に並んだ写真は荘厳さからはかけ離れた現実であった。

　死者の写真を掲載し、より正確に現実を伝えるべきだ……とは思わない。このような写真を公にする権利は誰にもなく、またそれを見たいと思う人も少ないだろう。

　この日、心に残ったのは、そうした残酷な写真を、高梨さんをはじめとした「ごく普通の人々」が当たり前のように見ていたということだ。それがどんなに過酷な体験であろうが、人はその状態に「慣れて」しまえるのだと思う。この遺体安置所に通う誰もが、残酷な遺体など見たことがなかったはずだ。歩き疲れた瓦礫の町で、「この写真こそが津波で消えた大切な人と自分を結んでくれるものなのかもしれない」と思ったとき、恐怖感は消え、受け入れざるを得ないのだろう。

　ブルーシートで囲まれた一角のさらに奥には、海から上がった遺体の写真を綴じたファイルがあった。顔の表面は魚に食べられたのか凄惨な姿になっているが、服装がごく普通であることで、それが現実なのだということがわかった。その一枚一枚を、ごく普通のおばあちゃんが丁寧にめくっていく。写真に写っていた人々は、家族の元に帰れたのだろうか。この光景の凄まじさを、僕は決して忘れないだろう。

　写真を見終わった高梨さんは、瓦礫の中から見つけたという生徒手帳を見せてくれた。緑色のカバーのついた3冊の手帳。女の子らしい文字で住所と名前が書かれ、1年生、2年生、3年生と徐々に成長していく3枚の写真があった。聖理さんが高校を卒業したのは3月の初旬。

「卒業式があと10日遅かったら、あの時間は学校にいたはずなんですけどね」

3週間ぶりの門脇。瓦礫を踏みしめなくては歩けなかった地域だが、主要な道路は車が通れるようになっていた。こうして町は少しずつ形を変えていくのだろう。

小雨が降っていた。高梨さんと別れた僕は聖理さんが最後に働いていたコンビニの前に立った。そこには相変わらず大きな屋根が乗っている。聖理さんはあの屋根の下にいるのかもしれない……そんな考えが消えなかった。

4月の門脇が3月と違うのは、大量の重機が入り、あちこちで大きな音がすることだ。圧倒的な力で瓦礫を片付けていく重機を撮影していると、それは突然コンビニへと動き出し、例の屋根に大穴を開けたかと思うとバリバリと壊し始めた。作業時間は数分だったと思う。この1か月間どうしようもなかったあの屋根は、あっさりと取り壊された。何かが見つかると「ビー」とクラクションが鳴り、長い棒を持った自衛隊員が近づいてアルバムなどを運び出す。その音が鳴るたびに緊張してカメラを構えたが、そこで遺体が見つかることはなかった。屋根の下にあったのはコンビニの床だけで、酒瓶が割れたのかアルコールの匂いが鼻をついた。

2011年4月10日　瓦礫の中の闘い

あの焼け焦げた門脇小学校に入った。歓声が消えた学校の階段をペタペタとのぼる。２階部分の途中までは焼けもせず津波にも襲われず、子どもたちが避難したときのままの姿で残っていた。しかし廊下を進むと、あるところから突然、真っ黒に焼けた空間に変貌した。あらゆるものが燃やし尽くされた空間に、整然と並んだ学習机の骨組み。窓の外には焼けただれた車がうず高く積み上がっている。強烈な火災臭が鼻をつく。

幸いなことに、この学校では先生たちが子どもたちを裏山に避難させたことで登校中の児童は全員無事だった。高梨勉さんの長男・育臣くんもその一人だ。しかし「避難場所」に指定されていた校庭に集まっていた多くの人は津波に襲われ、亡くなっている。

震災の７年前の２００４年、僕はコーカサス山脈の北側に位置するロシア連邦北オセチア共和国で、チェチェンゲリラに襲われた小学校を撮影したことがある。机、黒板、教科書、ノート……。学校という世界中のどこにでも共通する「日常」が破壊された光景に強い衝撃を受けた。黒板に残された日常と、焼けただれた教室。まさか同じものを日本で見ることになるとは思わなかった。

夕方、佐々木有里さんに連絡をとった。母親の遺体を発見したばかりの有里さんに連絡するのは気が引けたが、昨夜の余震のことも気になっていた。携帯電話は充電できていたようで、すぐに返信があった。やはり昨夜は日和山に逃れ、そこから避難所で一夜を明かしたという。目下の問題は水道が止まってしまったことだった。

近くまで行くと、給水車から戻る途中の善幸さんと会うことができた。娘・智英《ちえ》ちゃんが空っぽのペットボトルを抱えながら歩いている。結局、水はもらえなかったのだ。門脇から車で数分のところに善幸さん夫妻が長男の太亮《たくま》くん（8歳）、長女の智英ちゃん（7歳）と暮らす家があり、佐々木有里さんと父・昭太郎さんはそこに身を寄せていた。

有里さんは母親が発見されたときに撮影したという動画を見せてくれた。重機を使って瓦礫が撤去された自宅跡と、何かを取り囲んでいる自衛隊員の姿が映されている。有里さんが叫ぶ。この映像が途切れた直後、彼女はおよそ2週間ぶりに母と再会できた。3月28日、母・廣子さんはハンドバッグと写真のアルバムを握り締めた状態で発見された。アルバムには幼い孫たちの成長記録が収められていた。

「いざ自分の目で母親の姿を見たときには、やっぱり声が出なかったですね。見つからない人もいるので、見つかったほうが良かったのかなっていうふうに周りからは言われますけど。やっぱり、見れば見たなりのショックっていうのは、やはり、大きかったです」

本当に大変なのはこれからだった。生活の基盤を失い、母親の葬儀の目処も立っていない。避難所ではなく自宅避難なので食糧の配給もない。ＡＴＭが近くにないから1時間以上歩かないとお金を下ろすこともできない。何より、昨夜の余震で水も止まっている。

そんな中で有里さんは「瓦礫の中の闘い」を続けていた。親友の父親がまだ発見されていなかったのだ。その日の夕方、再び門脇へと向かい親友の家の赤い屋根を探した。もちろん赤い屋根の家は無数にある。有里さんたちはこんなところにも上るのか?と驚くような屋根にもよじ登りながら、日が暮れるまで捜索を続けた。

　門脇からの帰り道､広大な被災地の車窓カットを撮影した。走れど走れど延々と続く瓦礫の町。そのときの映像を見返してみると、僕と有里さんの会話が少しだけ録音されていた。

「最後まで、ずっと、ずーっとね。ずーっと追い続けて頂きたい」

　たしかこのとき、「どうせ取材をするのなら、10年は追い続けてほしい」という会話をしていたのだと思う。僕は「通いますよ、通いましょう」と答えている。震災から１か月が経ったばかりの瓦礫の町で、僕たちはどんな10年後を頭の中に描いていたのだろう。僕はただ、この町に通う理由をかみしめていた。

２０１１年6月12日　発見

　その連絡を受けたのは、４月27日のことだった。その前日に高梨勉さんの娘・聖理さんが遺体で発見された、という知らせだった。コンビニのすぐそばにあるガソリンスタンドの屋根の上で発見されたのだという。あの青いガソリンスタンドだ……と思った。僕はその前を何度も通っていたし、３月に撮影した映像を見返してみると高梨さんの指差す場所のさらに先に映っていた。残酷な現実に、鳥肌が立つ。しかしそのときは、高梨さんの携帯を鳴らすことがためらわれた。

　４月の終わりから５月の初めにかけて、僕は何度も東北に通った。普段は大阪のスタジオから放送している番組を、被災地から全編生中継することにしたのだ。個人的に取材を続けている石巻から離れ、東北全体のいまを伝えるための放送。観光名所である宮城県松島町に中継基地を構え、多くのスタッフの力を合わせて放送を作り上げた。震災から53日後の放送。面識のない糸井重里さんが「涙が出そうになった」「小さい光を見つけて、しつこくしつこくできることを増やしてきたんだと思う」とツイッターに書いてくれていた。

しかし、それでも僕はまだ高梨さんに連絡をすることはできなかった。5月14日の深夜には「安否確認システム」からのメールが入った。聖理さんがガソリンスタンドの屋根の上から発見されたということ、書き込んだ人がご両親を訪ねてお悔やみを伝えたことが書かれていた。

高梨勉さんに電話をしたのは、結局6月に入ってからだった。何ともいえない僕の心情を察してか、電話の向こうの声は想像したよりも明るかった。

6月の石巻。日和大橋の手前で車を降りると、目に飛び込んできたのは海と陸地を隔てる壁のようにそびえる「瓦礫の山」であった。3か月前、町中を覆い尽くしていた瓦礫はその一つ一つが撤去され、海沿いの一角に集められている。町が片づけば片付くほど、瓦礫の山は高くなる。近づいてみればそれが家を支えていた柱だったり、誰かが使っていた布団だったり、あるいは大きなタイヤだったりした。それぞれがあるべき場所を失い、この山の一部となっていた。

聖理さんが働いていたコンビニの跡地にやってきた高梨さんは、リプトンのピーチティにストローを通して供え、線香の束に火をつけ、手を合わせた。聖理さんはこのピーチティが大好きで、会社帰りの父親によく頼んだという。静かな朝、鳥の鳴き声が響く。合わせた手をほどき、目を開けた父親に、僕は話を聞く。

「なんか、ずーっと捜していたのを上から見てたのか、みたいな……。でもね、ほとんど無傷に近い状態で見つかったんで。１か月以上経って、すぐに一目でわかるような状態だったので、良かったと思うんですけどね」

あの日、助っ人でバイトに入った聖理さんは、激しい揺れの後で一度帰宅したものの再び店に戻った。メチャメチャになった店の片付けをする姿を、避難中の知人が目撃している。防災無線は聞こえなかったのではないか、と父は言う。聖理さんが働いていたコンビニではオーナーと20代のパート女性、そして聖理さんの３人が犠牲になった。

聖理さんが見つかったのは、高さ7メートルほどのガソリンスタンドの屋根の上。コンビニの建物ごと山側に流され、やがて海側に引き戻されたときに屋根に取り残されたのではないか、と考えられている。

「次の日、すぐにでもね、見つけられたら、もしかしたら、助かったんじゃないかな……なんてね、思うんですよ。この上に乗っかって、生きた状態であれば、もしかしたら、そこで手を振っていれば、次の日にヘリコプターに見つけてもらって……ね……」

聖理さんの誕生日は5月14日。19歳の誕生日を迎える少し前に、彼女の遺体は自衛隊員によって発見されたのだった。死体検案書には「溺死」と書かれていた。短時間で亡くなったという説明もあったそうだ。それでも「もしかしたら」という父の思いが消えることはない。

高梨さん一家が暮らしていたのは、妻・京子さんの実家の建物で、コンビニの裏手にあたる南浜４丁目にあった。津波で流された後は、２階部分が逆さまになった状態で見つかった。震災直後、たくさんの写真や学生証を回収することができたが、もう一度来ようと思っているうちにすべて撤去されてしまったのだという。

「流された家の中から奥さんの着物が見つかって……。来年、成人式ですよね、振袖とか、お母さんの着たやつ。だから最後に棺にね、クリーニングしてもらって棺にかけて、そのまま火葬して……」

　高梨さんと別れた僕は、再び同じ場所を歩いた。変わり続ける風景。いま、目の前にある細かな瓦礫もやがて回収され、あの山の一部になるのだろう。6月の門脇。瓦礫の間から緑の草が芽吹こうとしていた。

２０１１年夏　その土地の記憶

　被災地で車を運転するとき、カーナビはあまり役に立たない。「コンビニの先を右です……」などと言われてもそこにコンビニはないし、右に曲がる道すらもなかったりする。景色は目まぐるしく変わる。すっかり色をなくしていた瓦礫の町が緑に覆われた7月の門脇町。いつものように佐々木有里さんと歩いていると、水溜りだと思っていた場所で何かがピシャッと動いた。

「えー、サカナ泳いでるんだけど。ありえなくない?……道路にサカナ、泳いでるんだよ」

　海からはだいぶ離れたところにある佐々木家の跡。道路の片側車線が水に沈んでいた。そしてその中には何匹もの魚が泳いでいたのだ。車が近くを通過すると慌てて逃げるが、すぐに戻ってくる。住宅地を泳ぐ魚。その不思議な光景は、地盤沈下によって下水道が海と直結したことによってもたらされているらしかった。

門脇町、南浜町とされている地域は、元々湿地帯だった。江戸時代から開墾がはじまり、長い間、農地として利用されてきたが、昭和30年代以降に住宅地として開発されたのだという。そして東日本大震災がそのすべてを元に戻した。人間がいなくなれば草が生い茂り、虫や魚が住むようになる。時計の針が急速に巻き戻される。土地はあっさりと文明を忘れ、自然に還ろうとしていた。

９月４日。佐々木家があった場所を訪ねようとしたが、雑草は子どもたちの背丈を越えていた。一体どこに何があったのか？　そこで暮らした人ですら分からないくらいだった。本屋やラーメン屋や美容室があったことは覚えている。しかしそれがどこだったのか……。震災から半年が過ぎる頃、記憶の中の町並みもまた、急速に消え去ろうとしていた。

震災後のこの地区で唯一のランドマークとなっていたのが、「パリー美容院」と書かれた電柱広告だった。津波に襲われた看板は、木材にくくり付けられ、震災後の数年間、そこが南浜３丁目であることを教えてくれていた。いま改めて震災前のグーグルマップで見てみると、それは郵便局の斜め向かいの電柱に付けられていたことがわかる。いまはインターネットの中だけに存在している震災前の町。

「パリー美容院」の看板を、僕は繰り返し撮影した。２０１１年6月には水没した瓦礫の中に立っていた看板だが、1年後の同じ場所には緑が生い茂り、湿地帯のようになっていた。トンボが飛んできて卵を産んで去っていく。一度は失われた生態系が戻ったかのようだった。翌年の冬に訪ねると、激しい雪の中、草木は枯れ、水面は凍りついていた。結局何年か経って看板は倒れてしまったのだけれど、いまは「震災遺構」の一つとして「南浜つなぐ館」で展示されている。美容院の経営者は津波で流されて亡くなり、遺族の意向で看板を立て続けていた……という話を聞いたのは、２０２０年になってからのことだ。

震災から半年が過ぎる頃、佐々木有里さんは和太鼓の演奏会に参加した。実は幼い頃から和太鼓を習っていた彼女。「太鼓を思い切り叩きたい」と考えて、プロ奏者の友人と練習を重ねてきたのだ。石巻市の橋浦小学校の避難所で行われた「復興祭」がその舞台となった。プロも交えた6人による組太鼓、メインの大太鼓を有里さんが叩いた。肚《はら》に響く音色には、彼女が向き合ってきた4か月半の日々を叩きつけているような迫力があった。彼女は「被災者」と言われることについて疲れを感じるようになったという。

「ある程度生活が落ち着いてきたので、被災者っていう言葉が、あまり聞きたくないっていうか……。復旧もしてきているし、いつまでもおんぶに抱っこというか、〝被災者〟っていう言葉にずっと甘えて生きているのもどうかなっていうふうに思っているので」

言葉通り、その後彼女は仕事をするようになった。それは当然忙しくなることでもあり、これまでのように取材をするのが難しくなっていった。高梨勉さんも同様で、仕事はますます忙しくなっていた。震災から半年となる9月11日は、佐々木さんにも高梨も会うことができなかった。

２０１１年秋　あの日の会話、その続き

それでも僕は、石巻を訪れた。２０１１年9月11日、たくさんのカメラが町のあちこちで取材

をしていた。いままで何気なく通り過ぎていた場所にも花を供え、祈る人たちがいる。この土地の至るところに、それぞれの物語があるのだろう。

　この日、二人組の女性に呼び止められた。門脇町のある住所を示し、そこに行きたいのだという。トラック運転手だった男性がこの辺りで亡くなったのだそうで、女性はその男性の妻と母親なのだそうだ。しかし、あらゆるものが撤去されたいま、正確にその住所の場所を割り出すことはできなかった。

　午後2時46分、黙祷。人々は思い思いの場所で静かに目を閉じ、手を合わせた。「ウー……」と鳴るサイレンの音が、天国とこの世界を繋ぐ道を作っているような気がした。心に言葉を浮かべることで、3月10日の会話の続きができたのかもしれない。その会話を続けるのに、1分という時間はあまりにも短い。サイレンが止むと、誰しもが呆然としていた。目の前に広がっているのは、瓦礫さえもなくなった世界だった。

　10月29日、石巻の葬祭場で高梨勉さんと待ち合わせをした。聖理さんと一緒に津波に襲われたはずのコンビニのオーナーの葬儀だった。遺体は見つかっていないが、震災から7か月が過ぎたこの頃、行方不明でも葬儀を行う人が増えていた。

　11月15日、高梨さんの避難先の家に一泊させてもらう機会があった。聖理さんの弟、育臣《なるみ》くんと食卓を囲み、夕食を共にする。テレビでは流行中のドラマが流れていた。部屋には聖理さんがいた頃の写真や、避難生活中に撮られた写真が飾られていた。母・京子さんが話してくれたのは震災の少し前、高校を卒業した聖理さんと一緒にスポーツクラブの下見に行ったこと、倖田來未のコンサートの話をしたこと、そしてあの地震の後、聖理さんが一度帰宅したこと。

翌朝、食卓に向かうとお母さんがご飯を作り、お父さんと弟がそれを食べていた。この家庭でずっと繰り返されてきた風景。仏壇にはピンク色の納骨袋に包まれた聖理さんの遺骨がある。傍にはＣＤプレイヤーがあり、聖理さんが好きだった曲を聴かせてあげているのだという。

津波の後、瓦礫の町で自宅の残骸を見つけた高梨さんは、そこからたくさんの写真を回収することができたが、避難所に持ち帰るには多過ぎたので友人に預けていた。それがつい先日、この家に戻ってきていた。誕生の日から18歳になるまでの聖理さんが写った写真たち。

海水に晒されたため、あるものは束になって固まり、あるものは表面が溶けてしまっていた。それでも一枚ごとに聖理さんがいて、過ぎ去った時間がある。３月11日を経て、これらの写真がもつ意味は決定的に変わってしまった。勉さんがそのうちの一枚を手に取った。

「中学に入学したときの写真が塩でやられてる……」

写真を挟んだ台紙を開こうとするとバリバリと音がした。写真館で撮られた写真だが、顔のあたりが剥がれてしまってよく見えない。大切な過去までもが津波に侵食されるような気がした。

高梨さんの住んでいた家を、写真好きな隣人がたまたま撮影してくれていた。僕はその写真を借りて、南浜町へと向かった。震災から8か月が過ぎ、被災地の姿は〝日常の光景〟と成り果てている。だからこそ〝震災前という非日常〟と比べてみたかったのだ。ｉＰｈｏｎｅのマップを頼りに住所をたしかめて、在りし日の姿を重ねた映像を撮った。

２０１１年12月　復興ということ

12月25日の朝、門脇町を歩いた。３月には瓦礫に埋もれ、夏には緑に覆われ、秋には枯れ草で埋め尽くされたこの町。いま、ガランとした荒野に、うっすらと雪が積もっている。地面に転がっていた書類やアルバム、生活用品、家の残骸……その多くは回収され、分類されて瓦礫の山の一部となっている。しかし、瓦礫が片付くことが復興ではない。

メディアの中でも日常会話でも、僕たちが安易に使ってしまう「復興」という言葉。その言葉を使うとき、頭の中にどんなイメージが浮かんでいるのか。グーグルストリートビューに残されたイメージのように、この土地に人が住み、商店街が復活することを想像しているのであれば、それはあまりに非現実的だ。

２０１１年が終わろうとしているとき、佐々木有里さんが感じていたのは「風化」。被災地の暮らしは変わらないのに、人々の関心が日々薄れつつあるのは間違いのない現実だった。

「皆さんに忘れ去られてしまうというのが正直、怖い。でも私たちも逆にね、よそで起きたらそのときは『わーっ』って思うけど、そういうものですよね。『意味があって生きたんだから、守るべきものがいるんだから、生きよう』って言いながら、心だけは折れないようにしています」

たしかに、世間の東北に対する気持ちは確実に変化していた。どんな悲惨な出来事も、人は、忘れていく。そのときには「伝えていこう」と盛り上がるけれど、時が積み重なると共にその勢いは失われてしまう。それは仕方のないことなのだけれど「９か月半」というのはちょっと早すぎないか、とも思う。

２０１１年12月28日、僕は２時間の番組を「風化」をテーマに組み立てた。サブタイトルを「あのときの気持ちをもう一度　３・11から12・28へ」とした。震災から９か月半の日々を追体験しながら「その先」を考えられるように構成し、スタジオには自分が撮影してきた写真を並べた。佐々木家と高梨家を追ったドキュメンタリーは３月の初回以降、４月と６月に放送していたが、この日も第４弾を放送。20分25秒という長さとなった。

大晦日の22時過ぎ、紅白歌合戦に長渕剛が登場。石巻の、あの焼け焦げた門脇小学校の校庭からの生中継だった。冒頭、歌手を照らしていたライトが天に伸びる一筋の光となり、さらに外側に広がって瓦礫の残る町を浮かび上がらせた。シンプルで強い映像だったと思う。

ネット上には「偽善だ」という声も少なからずあったが、佐々木有里さんがメールで「長渕見た！」と喜んでいたことがすべてだと思った。家と家族を流された人がその場で喜んでいるのだから、それでいいのだと思う。

東京。渋谷の街はイルミネーションで彩られ、あの３月の暗さをすっかりと忘れているようだった。震災で日常のあらゆるものが変わったと感じたけれど、決してそんなことはなかった。日本中が強い危機感を共有した２０１１年が終わり、それぞれの２０１２年が始まろうとしている。しかし、それでいいのだろうか。僕は、２０１２年１月を迎えるのではなく、２０１１年13月を迎えたいと強く思った。３月から続く緊張感をリセットしてしまうのが怖かった。

Ⅱ　境界線《ボーダー》——福島《フクシマ》

２０１１年４月16日　福島県いわき市

宮城県石巻市を軸にして、僕は東北に通い続けた。一方で、断続的に通い続けたのが福島だ。津波に加えて福島第一原発事故により最大で16万５０００人が避難を強いられ、２０２１年１月現在でも約３万６０００人が元の場所に戻れないでいる。

福島の名前は、原子炉建屋が爆発するショッキングな映像とともに「原子力災害」そのもののイメージとして世界に拡散している。色も形も持たない放射能は、様々な場所で境界を生み出した。震災直後、福島第一原発を中心に半径20キロの円形に引かれた「境界線《ボーダー》」は毎年のように形を変えつつ、いまも厳然と存在し、その端境に生きる人々を苦しめ続けている。

僕が初めて福島を訪れたのは、震災から１か月後の４月半ばのことだった。友人が避難所に物資を運ぶというので、東京から僕の自家用車で向かった。常磐道は通れるようになっていたが、「よくこれで通行を許可したな」と驚くくらい、至る所に段差ができている。とても遠いと思っていた東北の被災地が、東京から３時間程度の距離にあることに驚きを感じた。

いわき市に入ると「南相馬、双葉」と書かれた道路標識が目に入ってくる。南相馬市の一部と双葉郡の大部分は福島第一原発から半径20キロ圏内に位置しており、「警戒区域」として立ち入りが禁止されている。この道の先では人のいなくなった町を牛やダチョウが歩いているはずだが、うまく想像できない。季節は巡り、町のあちこちに咲いた桜が、瓦礫の上に花びらを散らしていた。

避難所となった小学校の体育館には水や食料が山積みになり、炊き出しも行われていた。人々の様子も落ち着いているように見え、僕たちがいまさら物資を届ける必要はなかったのかもしれない。しかし、この避難所に集まっている人々には目先の物資よりもより深刻な懸念があった。

津波に流されたのは海沿いの家々。つまりこの避難所に集まっている人は漁業関係者が多かった。原発事故が発生した福島の海で漁業を再開するのは、簡単なことではないはずだ。港には大きな漁船が横転し、沈んでいた。小名浜港から福島第一原発までの距離は56キロ。宮城や岩手とは違う緊張感を、福島では感じた。

福島第一原発事故の深刻度は、国際原子力事故評価尺度で「レベル５」とされていたが、４月12日に「レベル７」に引き上げられた。これは１９８６年に発生したチェルノブイリ原発事故に並んだことを意味していた。

２０１１年１月３日　チェルノブイリという未来

日本で深刻な原発事故が発生する2か月前、僕は偶然、そのチェルノブイリを訪れていた。この街を訪れることは、そう難しいことではない。ウクライナの首都キエフに向かい、現地ツアーに合流すればいい。オーストラリアから来た学生４人組と僕を乗せた車はピクニックのような雰囲気で北へと向かい、原発から30キロメートル圏にあたる「ＺＯＮＥ」との境界線に到着した。

　ここから先は、基本的に人が住むことを禁じられた世界。１９８６年のまま、時が止まっている世界だ。高度な文明が突如として終わりを迎え、自然に還りつつある世界。病院も学校も商店も、ソ連時代のまま時を止め、放射能の下で静けさを保っている。この時点でチェルノブイリは原発事故から25年が経とうとしていた。福島第一原発で言えば、２０３６年の姿に重なるのかもしれない。そんなことを念頭に置きながら、当時の旅を振り返っておきたい。

　居住禁止地域となっている「ＺＯＮＥ」からいったんは土地を離れたものの、再び戻ってきた「サマショール」と呼ばれる人々が、わずかながら暮らしている。昔話に出てくるような丸太を組み合わせて作った古い家を訪ねると、迎えてくれたのは、セメニュク・イワン・イワノビッチさんと妻のマリヤさん。72歳の老夫婦は、原発事故が起きたときは47歳前後だったはずだ。事故の直後、二人の息子とともに首都キエフに避難、アパートを与えられたものの故郷を捨てることはできず、翌年には夫妻でパリシェフ村に戻ったのだという。当初は４００人ほどが帰還して村の活気は戻ったが、インフラが途絶した汚染地域に定着することは難しかった。２０１１年現在、村には6人が暮らしていた。毎週木曜日にＺＯＮＥの外の業者が食品などを配達してくれるが、ほとんど自給自足。鶏や豚を飼い、ジャガイモやトマト、キュウリやブドウを栽培している。

　壁には、その村に生活があったことを示す何枚かの写真が貼られている。軍服を着た息子を囲んだ夫妻の写真、農作業の合間に取られた写真。村が消えてしまったいま、失われた生活の痕跡は独特の色をまとって「喪失」を訴えかける。パンとナイフ、猫と犬。古ぼけた写真。そうしたものに囲まれて暮らす72歳の夫婦は、やはり昔話の世界に生きているように感じられた。放射能によってもたらされた、現代の昔話。しかしその物語も、長くは続かないだろう。サマショールたちがこの世を去ったとき、この村は再び名前を失うことになる。

プリピャチ 永遠の１９８６年

２０１９年の秋、アメリカケーブルテレビ局ＨＢＯのドラマ「チェルノブイリ」が日本でも配信された。精巧に再現された原発崩壊の様子や人々の生活、悲劇と陰謀。人々の記憶から忘れ去られようとしていたあの事故が、圧倒的なビジュアルで再現されていた。

そのドラマ前半の舞台となるのが、発電所の従業員とその家族が住む町、プリピャチだ。人口5万人が生活していたこの町は、１９７０年に原発作業員の生活空間として建設された。原発からの距離は4キロメートル。１９８６年4月26日土曜日、午前1時23分。チェルノブイリ原発4号機で、あり得ないはずだった事故が発生。プリピャチの人々は大人も子どももその不思議な炎を見つめ、「美しい」と呟く。雪のように舞い散る死の灰。しかしこの3日後、彼らはすべてを捨ててこの町を去ることになる。

僕がこのプリピャチの町に向かったのは、２０１１年1月4日のことだった。町の中心部には広場とホテルがあり、その近くには遊園地が開業する予定になっていた。マンションにはエレベーターが設置され、真冬でも泳げる巨大なプールもある夢の町は、放射能という見えない皮膚に覆われて、静かに朽ち果てようとしている。レーニンのポスター、レコード……。当時当たり前のように存在していたものはいま、ここにしか残っていない。壊れたソファー、ソ連の国旗。

音のない世界。ホテル・ポリーシャの階段を上がって客室に入ると、天井に施された装飾や窓から見える風景は、事故前を思い起こさせる。学校だった建物に入ると、教室には教科書やノートが散乱しているものの、図書カードは整然と並んでいた。そしてあちこちで目にしたのは、何も書かれていない赤い布だ。

この町が〝普通の町〟だった最後の日、つまり4月25日の1週間後には、ソ連国民にとって大切な祝祭であるメーデーが迫っていた。人々は赤い布を用意し、「白いペンキでスローガンを書き、仲間と共に掲げよう」と思いながら平凡な金曜日を過ごし、騒がしい土曜日を迎え、そして日曜日の夕方には姿を消した。メーデーの日に開業予定だった遊園地の観覧車は、永遠にやって来ることのない5月1日木曜日を待ち続けているかのようだ。

２日がかりのツアーの最後、僕たちはチェルノブイリ原発４号機の前へと向かった。回収することのできない１９０トンの核燃料は、いまもその建物の中にあるはずだ。ガイガーカウンターが「ビー、ビー！」と嫌な警告音を発する。数値としては毎時６マイクロシーベルトくらいだったと思う。案内人の表情も険しくなり、僕は緊張しながら何枚かの写真を撮った。

２０１１年当時、４号機は「石棺」で覆われた状態であった。カバーで遮蔽することで放射線の漏出を抑えていたのだが、雨漏りが激しいことも指摘されていた。つまり「密閉」には程遠い状態にあり、可動式の巨大な蓋で覆う計画が進行していた。高さ１００メートルのドーム型のシェルターは２０１６年に完成し、４号機をすっぽりと覆い尽くすことになる。チェルノブイリのイメージそのものとなっていたあの4号機の姿は、いまは見ることができない。ロシアメディアによると、ウクライナ政府はチェルノブイリを世界遺産に登録するよう提案したという。

　福島がそうであるように、チェルノブイリも長い歴史をもつ街だ。その名が初めて文献に現れるのは１１９３年のことだという。その後の８００年、この土地はポーランドやロシア、あるいはドイツの侵攻を受ける苦難の歴史を辿った。原発1号機が建設されたのは１９７０年。それから4号機が事故を起こすまでは16年しか経っていない。地元の案内人によると、この街に再び人が住めるようになるのは、いまから９００年後のことだという。

湯を沸かすための叡智

　結局のところ、人類は湯を沸かさなくてはならない。火力、地熱、太陽熱、そして原子力。あらゆるものを使って湯を沸かし、その水蒸気でタービンを回す。そうして得られる「電力」でしか、人類はこの文明を維持することができないのだ。

　火力発電の燃料となっているのは、数十億年にわたる生命の歴史のなかで堆積された動植物の死骸、すなわち化石燃料である。僕は子どもの頃、「石油の埋蔵量には限りがあり、数十年後には枯渇してしまう」と学校で教わり、絶望的な気持ちになった。数十億年にわたって作られてきたものが、最初の採掘からわずか２００年余りで使い果たされようとしているという現実。子どもながらに、自分たちの世代の罪深さを感じた。

　しかし少年時代の僕が絶望するずっと前から、世界はこの問題をどうにかしようと考えていた。

化石燃料を燃やして湯を沸かすのではなく、核分裂が生み出す巨大エネルギーで湯を沸かす、原子力発電である。１９５０年代に実用化されたこの技術は、60年代から日本をはじめ世界各国で導入されていく。

原子（＝アトム）の名をもつ主人公が活躍するアニメーションが始まったのは１９６３年。翌64年、東京オリンピック開催。高度経済成長で電力需要が高まるなか、日本初の商用原子力発電所である東海発電所が営業運転を開始したのは、１９６６年のことだった。

こうした流れのなかで福島第一原発の６機の原子炉が運転を開始したのは１９７１年から79年にかけてのことだった。ソビエト連邦のチェルノブイリ近郊に造られた４機の原発の運転開始は１９７８年から84年にかけてなので、実はチェルノブイリのほうが新しい原発ということになる。湯を沸かすために人類が辿り着いた叡智。しかしそれは、人類が扱うには早すぎる知恵だったのかもしれない。

２０１１年７月31日　border｜Fukushima

７月31日。郡山で借りたレンタカーでいわき市へと向かい、そこから北上。福島の海岸線に並行して走る国道６号線を進んでいくと「この先、制限区域」「許可車両以外立ち入り禁止」と繰り返す電光掲示板が増えてくる。僕が目指していたのは、４月に行くことができなかった「警戒区域」との境界線だった。東日本大震災による津波で、原子力緊急事態宣言が発出されたのが午後７時３分。１号機が水素爆発を起こしたのは、翌12日の午後３時36分のことだった。同じ日の

18時25分、発電所から半径20キロ圏内の住民に避難指示が出される。そしてその瞬間から、福島県内に明確な「境界線《ボーダー》」が引かれることとなった。

福島第一原発から南に20キロメートル地点に位置していたのは広野町と楢葉町の境界線。事故前はサッカーのナショナルトレーニングセンターとして使われていた「Ｊビレッジ」前の交差点が、日常と非日常の境界線となった。

その交差点の光景は、まさしくチェルノブイリで見た、「ＺＯＮＥ」との境界そのものだった。僕は検問の手前で車を止めた。カメラを持って近づくと、警備員がやってくる。「撮影です」と伝えると、東京電力の「Ｊビレッジ」だけは映さないようにしてくれと言われた。当時この建物は原発作業員の拠点として使われていた。劣悪な環境で雑魚寝しながら働く勤務実態が写真週刊誌でスクープされていたため、神経質になっていたのかもしれない。僕は最近の余震のことなどを警備員と話しながら、検問所の写真を何枚か撮影した。

検問所は忙しく、白いタイベックスーツに身を包んだ人々を乗せた大型バスが次々に楢葉町へと入っていく。福島第一原発を起点にした半径20キロメートルの境界線。この一本の線に厳密な科学的根拠はなかったはずだ。20キロメートル離れているから安全というわけでも、離れていないから危険というわけでもない。しかし線が引かれてしまった以上、すべての人は従うしかない。境界線の内側では人の姿が消え、牛やダチョウが歩き回っている。一方で検問から少し離れた広野町では子どもの姿もあったし、街道沿いのうどん屋は賑わっている。そうして「境界線」はいつしか日常の一コマとなっていく。

境界線の不可思議さを如実に示しているのが、飯舘村だった。福島第一原発から30キロ以上離れた飯舘村は当時、「計画的避難区域」に分類されていた。住民は避難生活を強いられていたものの、タイベックスーツを着ることなく村に戻り、家の手入れなどをすることは可能だった。しかしその一部ではやがて高い線量が確認され、「帰還困難区域」として立ち入りを厳しく制限されることとなる。

２０１１年夏。楢葉町に入ることができなかった僕は、飯舘村を目指すことにした。

２０１１年８月１日　飯舘村の深い霧

郡山から二本松市方面に車を走らせると、遠くに安達太良山《あだたらやま》が見える。高村光太郎の『智恵子抄』に出てくるあの山だ。「東京には空がない」と嘆いた智恵子が愛したのは「安達太良山の上に、毎日出ている青い空」だった。その空がいま、放射能に悩まされている。

飯舘村に入ってすぐに目に入ってきたのは、荒れ果てた田畑だった。いわき市に広がっていた青々とした田んぼとは違い、村内のそれはひび割れ、雑草がものすごい勢いで繁茂していた。少し進むと大きなスーパーや商店が見えてきた。そのどれもが営業を停止している。

東日本大震災で破壊された街を、僕はこれまでたくさん見てきた。宮城でも岩手でも福島でも、沿岸部の町は激しく破壊され、在りし日の風景を根本的に変えてしまっていた。しかし飯舘村は違っていた。地震でも津波でもまったく被害を受けていない。無傷の町並みから人間だけが消え、音もなく静かにたたずんでいる。それはとても不可解な光景だった。

村役場の駐車場に設置された線量計は、毎時２・93マイクロシーベルトを示している。20キロ圏内の帰還困難区域を除いては群を抜いて高い数値である。役場の近くを歩くと、取り残された犬が激しく吠えたてた。すると遠くにいる犬が呼応するように大声で吠えだす。静かな村にこだまする、悲痛な犬の鳴き声。飼い主は定期的に餌をあげに来ているようだが、犬たちはとても神経質になっているようだった。誰も見ることのない花壇に、美しい花が咲き誇っていた。あらゆる植物が人間の手入れを受けることなく好きなように伸び、咲いている。チェルノブイリの町プリピャチでは、植えられた樹木が野生化して好き勝手に伸びていた。あの光景が頭をよぎる。

村役場には避難先から戻ってきた人たちが何組かいて、それぞれ話し込んでいた。話を聞いてみると「たまに帰ってやらないと家がダメになってしまうのだけれど、かといって窓を全開にするわけにもいかず困っている」とのことだった。その中で、これから自宅に向かうという夫妻に同行させてもらうことにした。杉下初男さん夫妻の家があるのは村の南部に位置する「長泥《ながどろ》地区」で、飯舘村の中でも最も放射線量が高い場所なのだという。杉下さんに話しかけたのはほんの偶然だったのだが、この「長泥地区」こそが、飯舘村の中で最も悩ましい高線量地域であり、10年以上経っても戻れない場所となっていくのだった。

飯舘村は総面積２３０平方キロメートルの大きな村だ。複数の村が合併して飯舘村となったのは１９５６年のこと。同じ村であっても地域によって被災の事情はまるで違う。

霧の中を、杉下さんの車を追って進む。車は、長泥地区を見下ろす高台の上で止められた。「あぶくまロマンチック街道」と書かれた石碑や、その傍らに設置されたベンチは、石材加工業を営む杉下さんが製作したものだ。霧に霞んで見えなかったが、晴れた日には切り立った高台から太平洋を見渡すことができるのだという。

それはつまり、30キロ以上離れた福島第一原発から放たれた放射性物質がこの高台に当たり、雪となって麓の長泥地区に降り注いだことを意味していた。放射性物質は、決して政府が引いた20キロの同心円状に拡散したのではない。風向きに従って北西に流れ、この美しい飯舘村に降り注いだのだ。

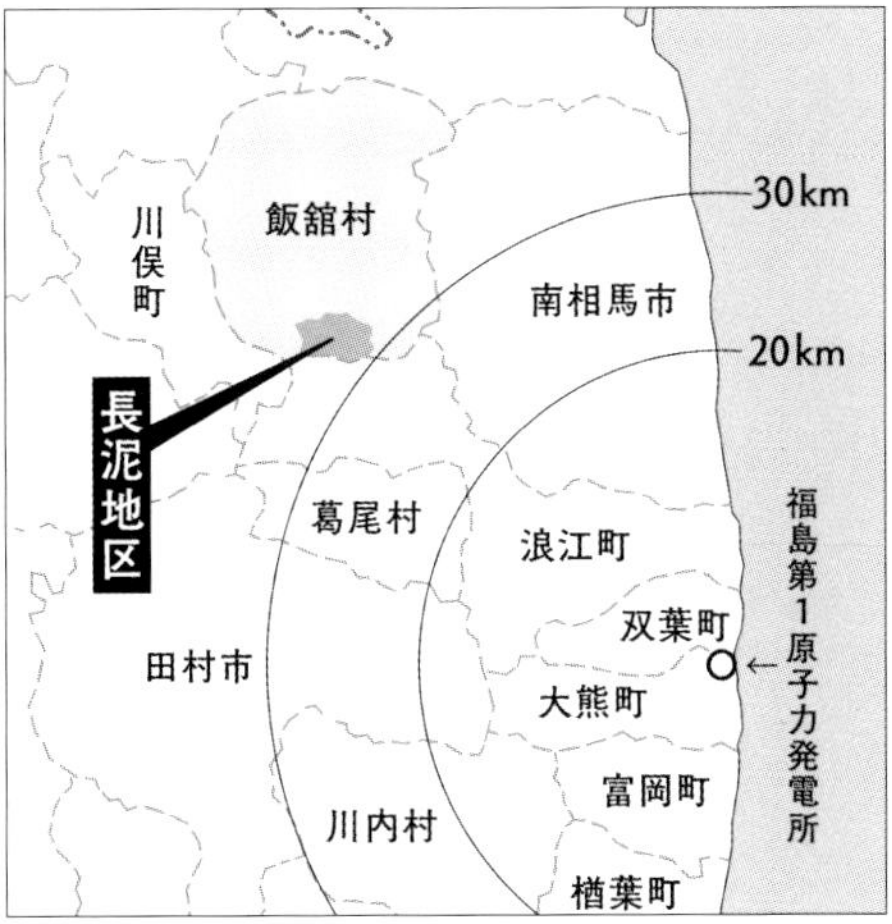

夫妻は共に飯舘村に生まれ育ち、結婚しておよそ40年。木造の立派な邸宅は7年前に新築したばかりで、まだローンが残っているという。到着するなり妻の龍子さんがネコの餌を皿に入れた。「トラ」と名前を呼ぶが、姿は見えない。庭先にはたくさんの植木鉢が並んでいる。「金のなる木」は孫からの贈り物、オリヅルランは母の日の記念にもらったものだという。その一つ一つに思い出がある。仏壇を開き、線香を焚いて経を読むのが毎日の日課だった。静かな部屋に、鈴の音が鳴り響く。チーン、チーン。

「帰ってきたよ、ご先祖様、帰ってきたよ」
杉下家は江戸時代の後期から、この土地で暮らしてきた。額に飾られた古い集合写真には「昭和25年5月」と書かれていて、先代、先々代の若き日の姿がある。明治、大正、昭和、平成、それぞれの時代を同じ山を見ながら暮らしてきたのだ。

玄関先に二人組の男性が現れた。「飯舘村見守り隊」と書かれたベストを着ている。見知らぬ車が止まっていたので、泥棒が入ったのではないかと思ってやってきたらしい。彼らは本格的なガイガーカウンターを持っていて、それが常に「ピピピピピピ……」と不気味な音を立てている。「今度のお盆の集まりには行くのか?」なんていう日常会話の間も、常にガイガーの音が鳴り響く。玄関先の空間線量は17・2マイクロシーベルト。センサーを地表近くに近づけると、カウンターはすぐに振り切れた。普段目にする放射線量とは、桁が違っていた。

美しい山々が霧に煙っている。何も見えず、臭いもない。車の通行量が減ったから、空気は震災前よりも澄んでいるのかもしれない、しかし、その山の彼方から吹いてきた風がすべてを変えた。いま、この空間には毎時20マイクロシーベルトを超える放射性物質が漂っている。

窓の外を一匹の猫が通り過ぎる。「あぁ、うちのネコだ。痩せこけたぁ……」。猫はげっそりと痩せ、ピリピリとした緊張感を漂わせていた、写真で見せてもらった丸々とした飼い猫ではなかった。

杉下家のおばあちゃんは83歳。「この土地に帰ってきて死にたい」と言いながら、それが許されないでいる。田んぼや畑に出られなくてもいいから、帰ってくるだけでいいから……、そんな願いが叶うことはない。チェルノブイリのあの老夫婦のような生活は、この日本ではできないのだ。龍子さんは言う。

「ここにいれば、花を触ったり、畑に行ってキュウリの手入れしたり、大根抜いたりって次から次へ仕事があるの。年配の人にとってはそれが生き甲斐だったの。何もしないってのは一番辛いことなんだよ。生きる望みがないんだもの。考えたらそうでしょ？」

杉下さん一家はいま、この広い家を離れ、隣接する伊達市内の小さなアパートに暮らしている。生業である石材業を移転することもできず、別の仕事をしなくてはならない。とにかく先が見えない。何年耐えれば帰ってこられるのか、もう帰ってこられないのか、それがわからないことが一番辛い。

帰り際、杉下さんは大きな通りに出るまでの地図を描いてくれた。壊れた車や自動販売機などを目印に、右に曲がったり左に曲がったりする地図。この土地に暮らすものにしか描けない地図だった。

２０１２年7月17日、飯舘村の計画的避難区域が改編された。村のほとんどが手続きなしで一時帰宅できる居住制限区域に分類されたが、長泥地区だけは帰還困難区域とされた。杉下さんの自宅がある区域は、六つのバリケードで封鎖されてしまった。

２０１４年1月、久しぶりに杉下初男さんに電話をかけると、悲痛な言葉が返ってきた。

「いまの気持ちは、何と表現したらいいのかわからないです。どんな言葉なら伝えられるのか……」

　避難生活が始まってから丸3年が経過しようとしていたが、長泥地区には除染の工程表がない。それが辛いのだと、杉下さんは言う。たとえ何年かかっても、工程表さえあれば帰還の目安になる。しかし、それが存在しないのだ。立派な家がありながらも帰ることができず、石材業を再開することもできない。

「カゴに入れられた鳥が、そのまま見放された状態。財産を捨て、故郷を捨てる決断をしなければいけないのか……」

　言葉を発することに痛みが伴うかのような、とても重い言葉だった。

２０１２年４月　永遠の２０１１年

　２０１１年7月に訪れたときは日常と非日常を隔てていた半径20キロの境界線だが、２０１２年にはあっさりとその効力を失くした。原発周辺自治体の一部で「警戒区域」の指定が解除され、新たに「避難指示解除準備区域」「居住制限区域」「帰還困難区域」の三つに再編されたのだ。これにより、それまでは許可を受けた上で防護服を着ないと入れなかった場所でも〝帰還困難区域〟以外は立ち入ることができるようになった。

　福島第一原発の北側に位置する南相馬市の小高《おだか》区。２０１２年4月16日から、その大半が「避難指示解除準備区域」に区分され、宿泊はできないものの立ち入りは自由にできるようになった。その２週間後の4月29日、僕は宮城県から南下するルートを通って小高区を訪ねた。厳格に管理されてきた境界線をあっさりと越えると、目に入ってきたのは1年前の東日本大震災直後のような光景だった。広い田畑のいたるところに車が転がっている。激しい揺れで崩れたままの建物が点在する商店街。津波に襲われたままの海岸線には乗用車が打ち上げられたままになっており、水際には巨大な屋根が浮かんでいた。

　東北に通いながらもすっかり〝片づけられた〟被災地に慣れてしまっていた僕にとって、それは久々に見るショッキングな光景だった。持参した線量計が示す空間線量は毎時０・４マイクロシーベルト程度で、驚くほど高いというわけではない。結局、線量がそれほど高くないにもかかわらず、原発からの距離だけを基準に線が引かれ、そんな状態が1年以上も続いてきたのだ。つい3週間前だったら白い防護服に身を包まなければ入れなかった場所を、普段着で歩いた。

　幹線道路沿いの閉店したコンビニに近づいてみると、雑誌コーナーの片隅に新聞が並べられていた。大見出しにはどれも「坂上二郎さん、死去」と書かれている。２０１１年3月11日というのは、そんな1日だった。色あせた雑誌がずらりと並び、テレビ雑誌が1年前のドラマの告知をしている。コンビニ内の商品はそのまま残されているが、荒れるに任せてその多くが床に散乱していた。それは地震の揺れによるものではなく、その後に入った泥棒によるものなのだろう。コンビニの側面のガラスは大きく割られていて、ＡＴＭがこじ開けられていた。近くには大きな石が落ちている。これもまた、旧警戒区域の現実だった。

　その1年後の２０１３年4月には、小高区よりさらに福島第一原発に近い浪江町でも区域再編が行われ、制限区域はさらに縮小した。2年間にわたって越えることのできなかった検問をあっさりと超えて浪江町に入る。町を歩くと、2年前のままで時間をとめた自動販売機があちこちで目についた。松浦亜弥の「午後の紅茶」の広告も深田恭子の「ジョージア」の広告も、時の流れとともに色を失おうとしていた。

駅の駐輪場にはたくさんの自転車が整然と止められている。2年前の朝から止まったままの時間。崩れた家も、崩れかけた壁も、手つかずの状態になっている。駅前の新聞店には、「東北で巨大地震」という大見出しをつけた3月12日付の新聞が束のまま残されていた。その日、新聞を読む人も配る人もこの町を出て行ってしまったのだ。それでも何部かの新聞は束から引き抜かれた痕跡があった。窓枠には錆び付いた百円玉と十円玉。警戒区域となったこの町で誰かがこの新聞を買ったということなのだろう。

静かな一軒家に一時帰宅中の老夫婦が、家に上がらせてくれた。他人の家に文字通り土足で上がることになり、恐縮しながら室内を見せてもらった。２０１１年3月付の町からの「お知らせ」が貼られたままの冷蔵庫の横には2年前の洗い物がそのままになっている。欄間には先祖代々の肖像が並び、孫と一緒に撮った記念写真もきちんと額装されていた。線量計を首から下げた夫妻が避難先から戻ったのは2回目で、この町での生活を諦めるかどうかの選択を迫られているという。「避難指示解除準備区域」と区分されているが、商店は閉鎖され、近所の人も戻らない状態では何を準備すればいいのかわからない、というのが現実だった。

２０１６年３月３日　あの町に還る日

その後も僕は、立ち入り制限が解除された福島の町を訪ね続けた。２０１１年７月には越えられなかった広野町と楢葉町の境界線は翌２０１２年８月には解除され、宿泊はできないものの防護服なしで立ち入ることができるようになった。町全体の避難指示が解除され、震災前と同じように住めるようになったのは２０１５年９月のことだった。

世界史的に見ると、２０１５年は１００万人のシリア難民が欧州に殺到した年であった。僕はギリシアの島からドイツのミュンヘンに至るまでの彼らの道のりを追った。東日本大震災と同じ「２０１１年」に始まったアラブの春は、思わぬ方向へと動き出していた。こうした取材に追われて、福島から足が遠のいていた僕が楢葉町を取材したのは２０１６年３月に入ってからのことで、震災から丸５年の特集を作るためであった。当時、楢葉町の位置付けは「原発から20キロ圏内で全町帰還が可能になった初めての自治体」ということだった。震災から5年も経てば、避難先での新しい生活も安定してきている人がほとんどだ。３月時点での帰還率はわずか６％に過ぎず、そのうち半数以上が65歳以上となっていた。

国道沿いに作られた小さな商店街にはいくつかの食堂とスーパーがあったが、外部からやってきた現場作業員たちが主な客で、町に生業は戻っていなかった。食堂の店主は「故郷」である楢葉町に帰りたいと思っているが、家族のことを考えると避難先のいわき市を離れることは難しいと話していた。

住宅街には家が並んでいるものの、夜になって明かりの灯る家はほとんどない。生活支援相談員と共に帰還した家庭を訪ねると、大きな家で老夫婦が肩を寄せ合って暮らしていた。孫世代も含めた７人暮らしだったが、孫たちは戻って来なかったという。

一方、海沿いにはフレコンバックと呼ばれる巨大な黒い袋が積み上がっている。これは、町内の除染廃棄物を入れたもので、除染を進めれば進めるだけ増えてしまう。放射性物質は目に見えないがフレコンバックという形で可視化され、殺伐とした光景を作り出していた。

その後、楢葉町は少しずつ帰還人口を取り戻していった。小中学校が再開し、スーパーも開業。２０１８年には住民登録者の居住率が50％を超え、２０２０年7月末には59％となっている。

翌２０１７年は楢葉町の北側、つまり福島第一原発側に位置する富岡町を取材して、さらに２０１８年には許可を得て富岡町の帰還困難区域を取材することができた。震災から7年間、ほとんど手付かずの状態となっている町は、２０１１年のタイムカプセルのようでもあった。閉鎖された交番には、オウム真理教の逃亡犯３人の手配写真が貼られている。２０１１年当時は想像もできなかったが、彼らは２０１２年に全員逮捕されることとなる。

帰還困難地域をあえて表現すれば、それはどこにでもありそうな住宅地だった。瓦屋根の家は瓦が崩れて破損していたが、それ以外の家の外観は何事もなかったようにも見える。取材に同行してくれた町の職員の自宅も、新築したばかりの綺麗な家だった。

ある家の前では、玄関前の木が巨木になっていた。震災前は手入れをしていたのだろうが、人間が去ったことで思うがままに成長し、家の高さを越えようとしていた。チェルノブイリで見た、植物の力強さを思い出した。

２０１７年３月　原発の中心、その小ささについて

僕がようやく福島第一原発の敷地内に入ったのは、事故から丸6年を迎えようとしていた２０１７年3月のことで、テレビの取材だった。富岡町の施設で車両を乗り換え、国道6号線を15分ほど走ると、右手に福島第一原発へと続く道がある。震災後、何度も通った道だが、許可証を持たない僕は右折することはできなかった。取材団の一員としてようやくその道を曲がり、検問を抜けた。荒れ果てた田畑、もはや何の意味も持たない道路沿いの看板。そんなものを横目に福島第一原発へと向かった。

厳重なセキュリティチェックを受け、靴下や手袋を何重にも装着して現場へと向かう。この6年間で構内の除染は進み、装備はかなり簡略化されていた。ほとんどの場所が防護服なしで入れるという。

２０１７年の取材時に大きな目的だったのは、福島第一原発5号機だった。２０１１年の東日本大震災で建屋が爆発したのは1号機と3号機。メルトダウンが起きたものの建屋が維持されたのが2号機。3号機の爆発の影響で汚染され、さらに燃料棒を貯めたプールが崩壊の危機に晒されたのが4号機。つまり事故を起こした福島第一原発は1号機から4号機ということになる。しかし福島第一原発は1号機から6号機まであり、定期検査中で停止していた5号機と6号機は無傷の状態で残されているのだ。福島第一原発5号機の原子炉は沸騰水型軽水炉（ＢＷＲ）と呼ばれるタイプで、設計は2号機、3号機と同じく東芝である。つまり、高線量で立ち入ることのできない2号機とほぼ同じ形状ということになる。

建屋の中に入ると、広い空間の天井や壁に様々な太さの配管が網目のように張り巡らされている。鉄製の管とバルブ、そして水道メーターのようなパネル。それが幾重にも重なって広がっている。液晶モニターのようなものは見当たらない。福島第一原発の5号機が着工したのは１９７１年、運転開始は１９７８年。更新はされているものの、基本的には70年代テクノロジーの延長線上にあることを感じる。

建屋の中心にあるのが「原子炉格納容器」である。核融合を行う「圧力容器」を格納する巨大なフラスコ状の建造物で、煉瓦色に着色された丸い搬出口が見える。まさに原発の心臓部であるために線量は高く、取材班はより厳重な装備に着替え、近づいていった。

この取材の直前、2号機での作業中断が一つのニュースとなっていた。サソリ型と呼ばれるロボットを使用してデブリ（溶け落ちた核燃料）を調べる作業を行なっていたが、障害物と高い放射線の影響でロボットが故障。回収すらできなかったという。その周辺の放射線量は毎時６５０シーベルト、これは人間であれば数十秒で死にいたる線量だ。

僕は、5号機の同じ場所でテレビ用のリポートを撮影した。CGによる再現映像でしかイメージできなかった空間が目の前にある。胸に取り付けたガイガーカウンターがピッピピッと鳴り響く。

「貫通口を通ったロボットはこのレールを使って圧力容器へと向かいましたが、手前2メートルにあった障害物に引っ掛かり、先に進むことはできませんでした」

まるでマトリョーシカのような構造となっている原子力発電所。建屋、原子炉格納容器、原子炉圧力容器ときて、その中心は原子炉だ。原子炉の中には長さ４・５メートルの燃料棒およそ２００本を束ねた燃料集合体が１５０本程度装填され、そこに「制御棒」を抜き差しすることで核融合を制御、膨大な熱量を生み出す仕組みとなっている。取材班は格納容器の真下に位置するサプレッションチャンバーに入り、原子炉を見上げた。

　津波で破壊された街がそうであるように、僕たちは「事故後」の様子だけを映像化し、被害を伝えてしまう。原発も同じで、福島の海沿いから飯舘村にかけた広大な範囲を汚染させた福島第一原発は、とてつもなく大きな存在だろうという認識がある。しかし、いま目の前にある原子炉は、直径５・５メートルの円筒に過ぎない。天井から突き出たたくさんの棒は、制御棒の駆動装置。それは昔のＳＦ映画のセットのような、宮崎駿の描く古めかしい機械にも見えた。１号機から３号機では、ここに差し込まれていた燃料棒が冷却されることなく暴走し、その下に位置するサプレッションチャンバーをも突き破って溶け落ちているはずで、この現象をメルトダウンと呼ぶ。５号機の格納容器の中で、僕は１、２、３号機の格納容器の現状を想像する。

「この小さな空間で、燃料棒が溶け落ちた」

　極論してしまえば、これが原発事故のすべてである。こんなにも狭く小さな場所で起きたことが16万人の避難者を出し、多くの人の人生を狂わせた原発事故の原点なのだ。

　原発取材を終えた帰り道、再び国道６号線を大熊町から富岡町へと南下する。６号線につながる道はことごとくバリケードで閉鎖されており、立ち入ることはできない。ゲームセンター、中古車店、家電量販店、携帯ショップ……人の手が入らないとこんなにも荒廃してしまうものなのかと改めて思う。あの小さな空間で起こったことの、あまりにも大きな影響。

その後も僕は福島第一原発を取材する機会に恵まれた。２０１８年には爆発した3号機の屋上を取材し、２０２０年には事故発生時の最前線となった中央制御室に入ることができた。計器パネルをよく見ると、どんどん減っていく水量を手書きで書いた痕跡が残っているのがわかる。事故発生当時、暗闇の中で決死隊を結成して手動でベント（汚染した空気の排出）を試みる作業を指揮したのもこの部屋だった。作業員たちのこの部屋での行動がなければ、事態はより深刻なものになっていたはずだ。そして、その多くが福島出身の人々であったことも忘れてはならない事実だろう。

２０２１年１月24日　２０２３年の飯舘村へ

飯舘村長泥地区を巡って動きがあったのは、２０１８年になってからだった。飯舘村は「特定復興再生拠点区域」として長泥地区の主要幹線沿いを優先的に除染し、２０２３年春に避難指示解除を目指す方針を決めたのだ。「人は住めないが、往来は自由にする」という大胆な方針転換。再生拠点から外れた16軒では除染は行われず、杉下初男さんのあの家も、そのうちの一軒だった。

２０２１年１月31日、僕は杉下初男さんと10年ぶりに会い、許可がなければ入れなくなっている長泥地区を案内してもらう予定になっていた。「本で記事を書くなら、ぜひ現場を見てほしい」そう言ってくれていたのだが、新型コロナによる緊急事態宣言の中、大病を患った杉下さんに会うことはできなかった。雪に埋もれた長泥を想像しながら、避難先の杉下さんと電話で話した。

福島県伊達市で避難生活を続けている杉下さんは、いまでも月に3回は飯舘村長泥地区の自宅に通っている。草刈りをし、家の中を点検する。窓を開けて空気を入れ替えないと、家はあっという間にダメになってしまうのだという。飼い猫のトラは、最初の2年ほどは見かけたが、そのうちにいなくなってしまった。90歳を超えた母親は近くの老人ホームに入っているが、新型コロナの影響でもう1年も会えていないのだという。２０１４年に話したときも苦しそうだったが、２０２１年の杉下さんの声からは、さらに深い苦悩が伝わってきた。

「津波よりひどいですよ。真綿で首を絞められているような感じですよ。帰還困難区域に指定されたところは本当に大変ですよ。住宅を残していても帰れない。かえって、津波でいっぺんに流された方がよほど諦めもつく」

たしかにそうなのだと思う。先祖代々暮らしてきた土地を剥ぎ取られ、自らの生業も奪われ、震災から10年が経っても何も変わらない。飯舘村は２０２３年に避難指示解除を目指す予定だが、杉下さんの家をはじめ、復興拠点に含まれない場所は限定的な除染しか行われない計画となっている。

一方、長泥地区では現在、「復興再生事業」として実証実験が行われている。村内を除染した際に除去された土壌を浄化して農地をかさ上げする。その上に汚染されていない土壌を50センチ程度被せて植物を栽培し、新たな農地を造成するという実験だ。一度は汚染された土壌を再生して農業を行うという環境省主導の実験で、長泥地区の農業復活を担うものとされている。環境省のホームページを見てみると、長泥を小泉進次郎環境大臣が訪問したことや、タレントを使った解説動画などが掲載されていて、この実験に力を入れていることがよくわかる。

杉下さんは、「長泥が実験台にされている」と嘆きつつも、この実験を「苦渋の決断」で受け入れた。このままでは除染もされないまま２０２３年に避難指示が解除されてしまう。しかし、内閣府の「線量低減実証実験」を受け入れれば、道路の除染や家の解体に道が開かれることがわかったので、住民全員が賛成したのだという。福島県の各所で当たり前のように行われてきた「除染」が、ここまで難しいものになっているところに、長泥地区の難しさがある。

震災から10年というタイミングを、杉下さんはどう考えているのだろうか。

「10年って復興の途中なので節目でもなくて……。２０２３年解除が目標なんだけど、解除された後も2年3年と農作物を実験栽培して、戻れるかどうかはそれからの判断。帰れるのはまだ4、5年先なので」

そしてこう呟いた。

「いまの年齢は71歳。あと5年経ったら76歳になってしまう。40代、50代なら農地を維持できるかもしれないけど、帰ったら何もできない年齢になってしまう。機械は10年も15年も操作していないし、新調して１０００万も２０００万も投資できない。悲観的に言うと、帰れないのかな、という気がする……」

杉下初男さんと話していると、福島の被災地が抱える苦悩の深さを強く感じる。こうして文章を書いてみても、杉下さんの抱えている絶望はとても表現できない。

Ⅲ　瓦礫の中の闘い、その後。

２０１２年３月11日　瓦礫の山、あのときの匂い

２０１２年２月、門脇町は雪に覆われていた。12月の雪よりも本格的なもので、瓦礫の山はまるで雪山のように冠雪していた。この日僕は佐々木廣子さんの一周忌法要に参加した。佐々木有里さんと父の昭太郎さんは石巻から1時間ほど離れた古川市のアパートを「借り上げ仮設住宅」として借りており、決して広くはない部屋に大勢の人が集まった。いつもはノンビリした感じの昭太郎さんだが、この日は喪主として震災からの日々を語り、参列への謝辞を丁寧に伝えていた。

２０１２年３月11日、震災から丸一年となる日は日曜日だった。再び石巻を訪れた僕は午後2時46分のサイレンを佐々木家と共に聞いた。海岸線に万里の長城のように続いている瓦礫の山はどんどん横に広がっているように感じる。車窓からの風景を撮影した映像に、カーラジオのニュースが録音されていた。

「石巻のゴミの１０６年分に相当します。半分が瓦礫置き場に運ばれましたが、まだ半分が市内に残されている状況です。国の掲げている再来年3月の瓦礫処理の完了には間に合わないという状況です……」

逆光が美しく差し込む午後、その瓦礫の山の近くを佐々木有里さんと歩いた。布団ばかりを集めた山は、風雨と太陽を浴びて朽ち果てつつあるが、それぞれの布の「色」が残り、その一枚一枚がかつて誰かの暮らしを支えていたことを表していた。

「でも何か、あのときの匂いがする。震災のときの匂いが、そのまま」

この日、テレビでは震災を振り返る番組が数多く放送された。被災地にいた僕は、それらを録画で見たのだけれど、どれも制作側の強い気持ちを反映したものだったと思う。しかしいずれも、視聴率は驚くほど低かった。作り手側の問題もあるだろうが、あえて言えばそれは、震災に対する世間の関心がそれだけ薄れているのだと思う。そしてそれは、仕方ないことなのだとも思う。

去年と同じように、被災地の上を四季が通り過ぎた。4月には満開の桜の下、日和山でお花見をした。6月、佐々木家跡はシロツメクサで覆われ、みんなで花飾りを作った。祖母・廣子さんの家の玄関があったあたりで太亮くんと智英ちゃんが「ばっぱ来たよー」と言うと、祖父・昭太郎さんは「おかえりー」と言って奥へと迎え入れた。居間があった場所には、草原が広がっている。「おぉ、来たな、みんな何食べる?」と言ってコンビニに連れて行ってくれた祖母の記憶が孫たちに残っていた。

２０１２年9月の終わりに同じ場所を訪れると、コスモスがあちこちに咲いていた。秋の虫の声があちこちから聞こえる。地盤沈下した土地に下水道から水が入り込み、住宅地だった場所は本格的な湿地帯となった。風が水面を揺らし、伸びきった葦の葉を揺らした。つがいのトンボが飛んで来て、チョンチョン、と卵を生みつける。ほんの少し前、そこに住宅が並んでいたことなど想像も及ばないような自然がそこにあった。

人々の生活も少しずつ変わっていった。佐々木有里さんと父・昭太郎さんは古川市の借り上げ仮設住宅から石巻市の仮設住宅に移っていた。市内からはかなり離れた山沿いの団地だったが、住民同士のネットワークができていて、僕が訪れた日は大勢で流しそうめんを食べていた。

「ある程度同じような境遇の人が集まっているから、一から十まで話さなくても共感できる。同じような痛みを持った人同士が集まっているので、わかり合っている部分もあると思う」

2013年1月　DNA鑑定

2013年1月27日、高梨勉さんと待ち合わせたのは石巻警察署の前だった。カメラを回すような現場ではなかったので後ろに付いていると、一緒に会議室に通された。実直そうな警察官が高梨さんに1通の封筒を渡す。「遺体番号　旧青果C1880　資料　爪」というシールが貼られている。それはDNA鑑定用に保管されていた聖理さんの爪だった。遺体が聖理さんと特定されなかった場合を想定して採取されたものだが、結局使われることはなかった。書類にサインを済ませると、封筒は父親のもとに戻ってきた。

同じ頃、高梨勉さんの父親もDNA鑑定で見つかっていた。遺体が見つからないまま葬儀も済ませていたのだが、実は震災直後、金華山沖で発見されていて、特定までにおよそ2年弱の時間がかかったのだった。父親の高梨英雄さんは、少年時代の昭和20年7月、岩手県の大船渡で米軍艦載機の銃撃を受けて母親を失い、その同じ弾で片目を失明したのだという。太平洋戦争と東日本大震災、その二つの出来事に翻弄された人生を思うと、言葉もない。

聖理さんや父・英雄さんが眠る墓は、門脇町、南浜町を見渡せる場所に移築された。日和山のふもとに位置するこの墓地は門脇小学校に隣接している。被災した地域に広大な公園を作るという話が持ち上がっていた。将来、この地域を再び津波が襲う可能性は少なくない。新しい町を作るのではなく、公園を作ることによって津波被害を減らす効果もあるのだという。この墓は、そんな公園を見つめて立ち続けることになるのだろう。震災から2年が経った２０１３年4月、聖理さんの遺骨はこの墓に納骨された。

２０１６年３月６日　聖理さんからの手紙

２０１６年3月、震災から丸5年を迎えた。僕はこの直前に番組を異動して土曜朝の報道番組の担当になっていたため、この機会に被災地からの全編生中継に再び取り組んだ。場所は番組司会者が長年にわたって取材を続けてきた南三陸町。住宅地を高台移転させるため、山を切り開いて大規模な宅地造成が行われていた。町全体が巨大な工事現場のようになったこの町は、どのような将来像を描いているのか？　福島県楢葉町からのサテライト中継も交え、南三陸の「さんさん商店街移転予定地」から1時間半にわたっての中継を準備した。

僕はその中で、高梨勉さんを取材したＶＴＲ「瓦礫の中の闘い」の第5弾も放送することにした。震災から5年が経ち、報道される内容は巨大堤防や高台移転の是非、原発被災地の帰還問題などが中心になっていて、あの津波の現実を伝えるものが少なくなっているように感じていたからだ。あの頃、泥まみれになって瓦礫の中を歩き、遺体安置所で厳しい現実と向き合ってきた人々の姿はやはり、風化しつつあった。

3月6日、霧雨まじりの寒い朝。久しぶりにあのコンビニがあった場所へ向かった。周囲の瓦礫は完全になくなり、道路の嵩上げ工事や復興住宅の建設が行われていた。巨大な工事現場の片隅に、花が備えられた小さな祭壇がある。

このコンビニで亡くなったのは、聖理さんとオーナー、そしてパートで働いていた主婦の3人だった。オーナーの遺体はいまも見つかっていない。今回、改めて聞けたのは、パート女性の遺体を発見したのも高梨さんだったということだ。

「生きている人を探すのが優先だったので〝遺体があったよ〟と言っても回収は後だと言われて……。みんなで毛布をかけて……。多分1週間くらいしてからかな、自衛隊が来て連れて行ってくれたんですけどね。この辺だったらそこら中の瓦礫の下に遺体がいても、申し訳ないんですけど助かりそうな人を優先に探しているんで、遺体のほうはちょっと後回しで……」

高梨さんの自宅があった南浜町4丁目は、枯れ草の草原となっていた。記憶を辿ってその場所にたどり着いたが、伸び放題になったススキは高梨さんの身長を越えている。「この辺りに玄関があって……」。わずかに残ったコンクリート片が、そこに家があったことを物語っている。やがてこの場所も、復興祈念公園の一部となるのだろう。

自宅にお邪魔して高梨家の仏壇を拝ませてもらった。震災から5年。聖理さんの姿は変わらないが、あの日小学生だった長男・育臣《なるみ》くんは、もう高校生になるのだと言う。じっと手を合わせる高梨さん。「こんなものが出てきたんですよ……」。仏壇の脇にある引き出しから取り出したのは、聖理さんが書いた手紙だった。

18歳で亡くなった聖理さんが20歳になるはずだった年。小学校時代の担任の先生が、高梨家を訪ねてきた。そこで渡されたのが、10歳だった聖理さんが20歳になった自分に宛てて書いた手紙だった。タイムカプセルに保存されていたものだという。封筒には丁寧な字で自分の名前が書かれていて、中にはその当時の写真やイラスト、そして一通の手紙が入っていた。

「やっぱりなんか……娘がね、20歳の自分に宛てた手紙って、厳しいんですよね。十年後の自分へっていう内容ですけど、読めないんですよ本当に」

「こんにちは！」から始まる手紙は終始明るい口調で、将来の夢が綴られていた。水泳の選手、保母、テレビ局のアナウンサー、それぞれの職業への憧れとその理由がしっかりとした字で書かれている。自分に対して語りかける口調で手紙を読んでいると、まるで小学生の彼女がそこで話しているかのようだった。２００３年3月10日付の手紙は、「心配だけどがんばっていたらいいな」という言葉で締め括られていた。

「本当、ね、しっかりした子だったんですよね。残念ですよ、本当に……」

これが届いただけでも本当に奇跡ですね……、僕の口からはそんな言葉しか出なかった。３月12日土曜日、南三陸町からの生中継は無事に終了。高梨勉さんの5年間は、９分ほどのＶＴＲにまとめられて放送された。

２０１３年６月16日　温大のふるさと

２０１３年６月、「生まれた！」という報告をＬＩＮＥでもらった。次の週末、ベビーグッズを買い込んで佐々木家を訪ねると、そこには生まれたての小さな赤ん坊が寝ていた。２８５２グラムの小さな命は、温かい心を持って大きく育つように願いを込めて、温大《はると》と名付けられた。有里さんの一本の指を、５本の小さな指が握りしめる。時折大きなあくびをしながら、小さな瞳は母の目をじっと見つめていた。

　その日、生まれたての温大くんを連れて石巻市内の寺を訪ねた。霊廟には震災で亡くなった方の遺骨が祀られていて、その中には廣子さんもいた。鐘を鳴らし、手を合わせる有里さん。

「ほら、ばぁば……ここ、ばぁばのところ」

涙ぐみ、鼻をすすりながら、両手に抱いた我が子を母の遺影に対面させる。震災で母が亡くなってから2年3か月。ようやく孫を見せることができた有里さんは「やっと満足した」と笑った。

　有里さんと昭太郎さん、そして温大くん。３人になった家族で再び、門脇町4丁目の佐々木家跡を訪ねた。雑草が生い茂る広い土地の一角に、ブロックを並べて作った小さな祭壇がある。花を捧げ、手を合わせる。また新しい夏を迎えようとしている被災地は、あちこちで小鳥のさえずりが聞こえる。

「震災知らないんだもんねぇー、不思議だね。日に日に全部そうやって過去になっていくんだもんね。やっぱり嫌でもね、伝えないといけないと思うけどね。話すとキツいけど」

　それでも伝えていかなければならない。少なくとも温大くんが石巻で育っていくのであれば、知っておかなくてはいけないことだろう。
「もしかしたら将来経験するかもしれないしね。そのときにどういう行動をとるか。私たち大人が経験したことを伝えていくっていうかね」

　佐々木家を次に訪れたのは、２０１４年3月のことだった。震災から3年、温大くんが生まれてから9か月を迎えようとしていた。佐々木家はようやく墓を建て、4月に納骨をすることが決まっていた。子どもも生まれ、母の納骨も済ませ、ようやく「ひと段落」した有里さんは、新しい生活について考え始めていた。仮設住宅での生活もだいぶ長くなったが、定住用の「復興支援住宅」はかなり倍率が高い。どうしても仮設住宅を出たい場合、選択肢は限られてくる。
「門脇ってたくさんの人が亡くなっているからあまり応募する人がいなくて、外れた場合はここに住まなければならなくなるかもしれない。父とも話していたんだけど、そうしたら門脇の人たちの供養もできるし、それはそれで切り替えていこうかと」

　荒地の一角に立て看板が建てられていた。「新たな門脇が動き出す」というキャッチコピーとともに、開発後の姿が描かれている。瓦礫に埋もれ、一度は自然に還った町が再び人間の手で開発されようとしていた。「でもあと何年かかるのかな……」。看板を見ながら有里さんが呟いた。

　２０１４年5月、町は再びシロツメクサに覆われた。2年前にそうしたように、みんなで花輪を編んで遊んだ。まもなく1歳になろうとしている温大くんは、つかまり立ちができるようになっていた。過ぎ去っていく一日一日が、温大くんを成長させていく。
「歩くんだよ、ほら。よいしょ、よいしょ！」

２０１５年３月11日。チャイルドシートに座る温大くんは髪の毛も伸びて、だいぶ子どもらしくなってきている。見つめる窓の外には、門脇の巨大な工事現場が広がっている。震災から丸４年を迎える頃になってようやく、門脇町では復興に向けた工事が具体化しつつあった。あちこちに大量の土砂が積まれ、巨大なパイプが並べられている。焼け焦げた門脇小学校はカバーで覆われ、工事用のやぐらが組まれている。町全体をかさ上げするための準備が始まっていた。

いつもより激しい風が吹き付ける、とても寒い朝。佐々木有里さんの家族と佐々木善幸さんの家族、総勢７人で手を合わせた。前日に強風による停電があったそうで、震災を「忘れるな」という戒めなのではないか……そんなことを話した。佐々木家のあった場所は、周囲を高さ１メートルほどの白い柵で囲まれていた。４年間、家族が集まる場所となっていた小さな献花台も、やがて撤去されてしまうのだろう。佐々木有里さんは最近、心境の変化があったという。

「母が亡くなったときにどんな姿で亡くなったかが気になり始めているのが正直なところ。それは、当時は思わなかったの。実際、他の人の遺体も見たし。でも時間が経ったら自分の親がどうやって息を引き取ったのかが気になったり……それが時間が経って出てきた思いかな」

母・廣子さんは有里さんが母の日に贈ったハンドバッグと家族の写真を手にした状態で発見されたという。ぎゅっと握った手は鬱血していたそうだ。津波が迫るわずかな時間に母は一体何を考え、どう行動していたのか。答えのない問いが、繰り返される。

この日の午後、復興が進んでいるという女川町へみんなで出かけた。車内のテレビでは東京で行われている慰霊祭が中継され、天皇陛下の言葉が車内に響く。

「この4年間、被災地においては人々が厳しい状況の中、お互いの絆を大切にしつつ幾多の困難を乗り越え、復興に向け努力を続けてきました……」

目の前の被災地では、あらゆるところで工事が行われていた。その言葉は、復興の現場に立つ人々には直接聞こえない。しかし、届いているのだろうと思う。

2015年12月にも門脇町を訪ねた。工事はさらに進み、あちこちに盛り土が積まれていた。温大くんは歩けるようになっていて、母親に手を引かれながら「ばぁば」の家があった場所を訪ねた。しかし、いつも通っていた入り口は、工事現場となっていて入れない。かさ上げされた道路によじ登って、別のルートを探すと、かろうじて自宅の跡地にたどり着くことはできた。献花台はもう撤去されて無かった。5月、母の日に花を持ってきたときにはあったが、後日、回収しようと思ったときにはなくなっていたのだという。

「ここに、おうちあったの！　ばっばのうち、ここだったの！」

2歳半になった温大くんが大きな声で教えてくれる。お墓というものも分かっているようで「なむなむなむなむ……」と手を合わせていた。一方で復興住宅は3回落選していて、仮設住宅暮らしは丸5年を迎えようとしていた。

2017年2月20日 生き残ったことについて

ラーメン屋さんで佐々木有里さんと温大くんが並んで座っている。「ママ、もっと入れて」。温大くんのお椀にラーメンを継ぎ足すと、「お野菜なんていらん！」とネギを突き返す。3歳半になった温大くんは、だいぶオシャベリになってきていた。

この日、有里さんは数か月前に出会った一人の女性とともに石巻市内の墓地を訪れていた。奥田江利子さん、震災で両親と23歳の息子、そして9歳の娘を亡くしていた。亡くなった息子・智史さんは3月11日が入籍の日で、妻とまだ見ぬ子どもを遺して亡くなったのだという。智史さんは有里さんの古い友人で、震災から6年を経てようやく墓参りをすることができたのだった。

墓をきれいに磨き上げる。花を供え、線香に火を付ける。その横で、温大くんが大きな声ではしゃぎ回っている。墓石に向き合い、手を合わせた。それまで談笑していた有里さんだが、目から涙がこぼれてきた。「やっとこれたぁ……」と呟いてまた墓石を見つめる。

風が強く吹いていた。有里さんは何度も手を合わせるが、なかなか立ち去ろうとはしない。ずっとはしゃぎ回っていた温大くんが、母の様子がいつもと違うことに気がつく。

「ママ泣かないの！　ハルトのママは、ハルトの大事なものなんだから泣かないよ！」

帰り道、後部座席の温大くんが沈む夕陽を見ている。江利子さんが有里さんに話しかける。

「人の特技ってね、忘れることをコントロールすることなの。智史の職場は大川小学校の近くだったから、5分くらいで家に来たと思うの……。自分だけが生き残ってしまったとか、そういうふうに思ってしまって。生きていることが辛かったりね」

生き残ってしまったことに対する辛さ、悲壮なその思い。それは体験したものにしか理解できないのだと思う。江利子さんは続けた。震災から1年はみんなが同じ気持ちだった。サポートする側もしてもらう側も一体になっていた。でも1年という区切りが残酷だった。そこから世間の雰囲気は変わっていった。誰もが自分の生活を抱えている。それが当然なのだということも、わかっている。1年、2年……動き始めるのには時間が必要だった。震災から2年近く、江利子さんは家を出ることすら難しかったという。有里さんが答える。

「私も後を追いたいと思った。考えを変えなければ、自分を生きていけなかった。死んでしまった人は仕方ないと思うしかなくて、生きている人にすべて集中させたのね。亡くなっている人のことを考えないで」

温大くんが窓の外を、北上川を眺めている。

「私は温大を産んで、この子には本当に教えていくべ！と思ってるね。繋いでいかないといけない。役に立つ大人になってくれるかなぁ……」

「なってたねぇー」と温大くんが返し、車内に笑顔が溢れた。江利子さんが続ける。「親ができないことは、子どもの力を貸してもらうのよ」

佐々木有里さんの家族は、5年半の仮設住宅生活を経てようやく公営住宅で暮らし始めていた。場所はやはり門脇町で、２０１１年3月に自宅が流れ着いた場所のすぐ近くだった。当時、もう戻ってきたくはないと話していたこの町に戻ってきたことを、どう感じているのか。

「正直、あれだけの遺体を見て、住みたいとは思えなかった。みんな眠るようにしていて、遺体には思えなかったけど……。でもいま時間が経って思うのは、忘れる人って多いじゃないですか、あのときのこと。生きている誰かが亡くなった人のことを忘れないで供養していくことが大事かなって思って」

有里さんはこの町で生きていくことを〝宿命〟と言っていた。３歳半の温大くんに震災の記憶を伝え続けなければならないという気落ちも、より強まっているように感じた。

震災から丸６年を迎えた佐々木家の話は、２０１７年３月４日に放送した。「瓦礫の中の闘い」と名付けたＶＴＲとしては６本目となった。

２０１９年９月29日　生きる道を選んでくれて、ありがとう

２０１９年９月29日。新幹線と仙石線を乗り継いで石巻へ向かった。震災直後は家の屋根や車が乗り上げていて、復旧など考えられなかった仙石線も２０１５年には全線で開通。いまでは当たり前のように石巻へと向かう足となっている。

この日、市内のホテルで佐々木有里さんと夫・大地《たいち》さんの結婚披露宴が行われた。僕はビデオカメラマン、震災当時から取材で話を聞いていた中山正敏リポーターが司会者として参加した。太鼓の演奏に始まり、歌ありダンスありの披露宴を見ていると、震災から流れた8年半という時間の重みを感じる。ここに集った人の多くが被災者だったし、肉親を亡くした人もいる。それぞれが懸命に日常を取り戻し、ここに集まり、笑っていた。

式の最後、有里さんは震災からの日々を共に過ごしてきた父・昭太郎さんへの思いを涙ながらに語った。それは3月11日の震災直後、有里さんと昭太郎さんが再会したときの話だった。

「私は泣いて叫んでお母さんはどこにいるのかとお父さんに聞いたね。お父さんは、お母さんの

ところまですぐだったけど迎えにいけなかったと泣いていたね。『お母さんを置いて自分は逃げてしまった。有里ごめん、有里ごめん』と。

私は気がおかしくなって『お父さんのせいでお母さんが……』と言ってしまった。ずっと心に引っ掛かっていた言葉。お父さん、あのときはひどいことを言って本当にごめんなさい。いま、あれから8年半が過ぎて言えること。『生きる道を選んでくれて、本当にありがとう』」

廣子さんが津波に呑まれたときの様子を考えると、二人で流されてしまってもおかしくはなかったのだと思う。それでもわずかな差で昭太郎さんは助かった。サバイバーズギルト（生存者の罪悪感）という言葉を使うまでもなく、その後の日々には複雑な思いがあったはずだ。しかし、僕が知っている昭太郎さんはいつも明るく、とてつもなく広い心で家族を守る大黒柱であり続けていた。あのとき、昭太郎さんまで流されてしまったら、佐々木有里さんの震災後の日々はまったく違うものになっていただろう。「生きる道を選んでくれてありがとう」という言葉は、震災後の日々のすべてを肯定するように聞えた。

有里さんの後で手紙を朗読したのは6歳になった温大くんだった。正装に身を包んだ彼は、結婚式の意味をきちんと理解していた。両親と同じように涙を浮かべ、マイクの前に立った。

「パパへ。パパになってくれて、ありがとう。

ママへ、優しくしてくれてありがとう。結婚、おめでとう」

言い終わった温大くんの目から、一筋の涙がこぼれた。その美しい涙は、佐々木有里さんが歩んできた8年半の日々が間違ってはいなかったことの証だった。

Ⅳ　僕たちは震災前を生きている

２０１２年１月３日　小田原のクジラと３つの警告

13月が来ればいいのに——そんなことを思いながら２０１１年12月は終わり、明けて２０１２年1月。初詣の賑わいを伝えるニュースの合間、小田原の海岸にクジラが漂着したという話題が報じられた。

夕暮れの小田原の気候は比較的穏やかで、海岸を歩く人に場所を訪ねながらたどり着くと、そこには6メートルほどのクジラが横たわり、地元の人たちが携帯電話で写真を撮っていた。生後1年未満のザトウクジラで、母親と一緒に移動していたものの何らかの理由で死に、この場所に流れ着いたのだという。逆光が美しく差し込み、僕は海水に足を濡らしながら撮影した。「近づいたり触ったりしないように」という看板は何の効力も持たず、取り囲む人々は自らの手でその物体に触れていく。その行為は、目の前に広がるありふれた海岸の向こうに、こんな生き物が生きているということを再確認するかのようだった。

異界からの使者がもたらした、束の間の非日常。誰かが「地震の前兆だ」などという。その言葉に信憑性はないが「もしかしたら……」という思いも皆が共有していた。実はこの時期、クジラや深海生物の漂着が他にも報じられていたのだ。実際に1月４日には東京で震度４を観測する地震があったし、３月14日には銚子市などで震度５強の地震が発生することとなった。東日本大震災以降、震度5という響きは以前のように珍しいものではなくなっていた。

２０１１年12月7日午後5時18分、三陸沖で最大震度５弱の地震が発生。震災直後だった4月11日の余震以来、1年8か月ぶりに「津波警報」が発令された。夕方のＮＨＫニュースでは「津波！避難！」という大きなテロップが出され、アナウンサーが「命を守ってください！」と強い口調で訴えていた。これは東日本大震災の後で津波報道のあり方が見直されたからで、〝命を守る報道〟として検討されてきたものが実践されたのであった。

この日、石巻市で98センチの津波が観測されたが、津波による被害はなかった。石巻の人々にメールで安否を尋ねると、すぐに「無事だ」との返事が返ってきた。

震災の記憶がだいぶ遠くなった２０１３年4月13日午前5時33分。淡路島を震源とする最大震度６弱の地震が発生した。朝、テレビをつけると淡路島上空の実況が繰り返されており、それは18年前の阪神淡路大震災が起きた朝を彷彿とさせるものであった。しかし地震による損傷はほとんどなく「震度６」という数値の大きさの割には、人々の記憶からすぐに忘れられていった。

さらにその4か月後の8月８日の午後4時56分、今度は「奈良地方で最大震度７」という緊急地震速報が発令された。東京のオフィスにいた僕の周りではスマートフォンの緊急速報が鳴り響き、ニュースを伝えるテレビ画面には、関東から西側が真っ赤に塗られた地図が映し出された。アナウンサーが、緊張気味に速報の内容を繰り返す。日常が再び裂けていくような、そんな気持ちが脳裏をかすめる。

いつか来るとは思っていたが、こんなにあっさりと起こるとは思わなかった……そんなことを思いながら、本震の続報を待つ。しかし、1分待っても2分待っても地震は発生しなかった。お天気カメラが映し出す奈良市内はあくまでも普通で、兵庫県にある甲子園では試合が続いていた。

結局この緊急地震速報は海底地震計のトラブルによる「誤報」だったと発表され、一瞬身構えた人々も日常に戻っていった。

「津波警報」が発令され「震度6弱の地震」が発生し、「震度7の緊急地震速報」が流された。これが東日本大震災から3年の間に断続的に起きたことであった。3・11の残像のような出来事が断片的に発生したが、日常生活に埋没し、やがて記憶の彼方に消え去った。

しかしいつか、その三つが同時に起きる日はやってくる。「南海トラフ地震」という想定が現実化するとき、太平洋岸は最大30メートルの津波に襲われるとみられているのだ。今後30年以内に70%から80%で発生するとされるその地震の死者の予想は32万3000人。その予想が正しいとすれば、僕たちはいま、大震災前を生きている。

震災10年目の震度6強

結局、東日本大震災から10年の間に、震度7クラスの地震は2回発生している。最初に起きたのは2016年4月14日午後9時26分。場所は熊本県益城町《ましきまち》だった。その被害を伝えるために多くのマスコミが熊本に集まったが、28時間後の16日午前1時25分にも震度7クラスの大地震が発生。僕の同僚も含め、多くの人が震度7の揺れに見舞われることとなった。この地震は熊本県の内陸部を震源としていたために津波が発生することはなかったが、家屋の倒壊など、関連死を含めて２７３人が亡くなっている。避難者は一時18万人を超えたが、避難所を出ても倒壊の危険性のある自宅に入れず、車内で生活する中がエコノミー症候群で亡くなるケースもあった。

２０１８年9月6日午前3時7分には北海道胆振《いぶり》東部地震が発生、これも最大震度7となる大地震であった。土砂崩れなどで死者は44人。地震によって苫東厚真《とまとうあつま》発電所のボイラー管が破損。この被害は連鎖的に他の発電所にも波及し、地震から17分後には道内のほぼ全域が停電。日本初となる「ブラックアウト」が発生することとなった。福島第一原発事故と異なるものの、地震と電力の関係はここでも繰り返されることとなったのだ。北海道の停電は発生から2日でほぼ解消されたが、これが冬場であったら大変な被害が出ていたと報じられた。

そして、本書を執筆中の２０２１年2月13日午後11時18分、福島県沖を震源とする大地震が発生。宮城県蔵王町で震度6強、石巻市でも震度6弱を記録した。宮城県で震度6強以上となるのは、２０１１年4月7日のあの余震以来だという。早速、佐々木有里さんに連絡を取ると、家族が固唾を呑んでニュースを見つめる写真が送られてきた。誰もがあの日を思い出し、避難準備をしたまま一夜を過ごした。

大きな津波こそ起きなかったが、政府の地震調査委員会は「ギリギリのところで津波は起きなかった」と分析。あの津波からわずか10年では「何も終わっていない」のだと思い知らされるような出来事だった。

終章　２０１１年１２３月

2020年11月22日　それぞれの10年

石巻の結婚式から1年後の２０２０年11月。新型コロナの感染者が再び増え始めた秋の日、門脇町の復興住宅に佐々木家を訪ねると、家族が一人増えていた。すっかりお兄さんになった温大くんが、弟を紹介する。「こちらが佐々木瑛大《あきと》です。うるさくてもう大変です！」。ハルトの弟、アキト。春と秋、二つの季節を身に纏った素敵な名前だ。生後2か月の瑛大くんは母に抱かれながら大きな目であちこちを見つめている。震災から9年半後に生まれた、新しい命。彼が大きくなる頃は、東日本大震災の記憶はすでに歴史の中の一コマになっているのだろう。

震災から10年を迎えるにあたって、佐々木有里さんは〝人生最後の決断〟をしようとしていた。

「自分の家を流されて……この復興住宅で終わりじゃなくて。ちゃんとマイホームを建てて、そこに仏壇を納めて。父親に対して最後にやれる仕事っていうか、それが最後に自分がやらなければいけないことかなって思っていたから」

昭太郎さんは70歳になり、体調は決して万全ではない。現在は復興住宅の別の部屋に住んでいるが、不安もある。夫の大地さんも賛成してくれていた。コロナ禍の石巻でマイホームを建てるという決断をした佐々木家。しかしやはり、津波の記憶は付きまとう。
「いま、石巻で土地を探すって言っても、水が来ていないところなんてないって言われちゃう。もちろん水が来ていない土地もあるけれど、すごく高いんです。そこでもかなり悩みました」

震災の年の秋、「石巻には住み続けたいけれど、門脇は嫌だ」と言っていた有里さんだが、2軒の仮設住宅を経て戻ってきたのは門脇町の復興住宅だった。その間に二人の子を授かり、そしていま、ついに門脇町を出て行こうとしている。僕はそんな話を聞きながら、それぞれの人生に流れた10年という時を思う。

この日の昼間、有里さんの兄・善幸さんの家族と門脇町を歩いた。長男の太亮《たくま》君は18歳、長女の智英《ちえ》さんは17歳になっている。震災からの数年間、瓦礫の中で遊ぶ二人の写真をよく撮った。未曾有の災害に圧倒され打ちひしがれた大人たちの中で、瓦礫の町にいち早く適応し、無邪気な笑顔を見せる子どもたちの姿は、映像や写真に彩りを与えてくれた。

10年という時の流れは小学校2年生を高校3年生に、小学校1年生を高校2年生へと成長させる。太亮君はまもなく高校を卒業。就職したらこの町を離れることになるという。智英さんも石巻には残らない。夢を抱えた彼女は「外に出たい」のだと話してくれた。

家族が離れ離れになってしまう前の、なんとも言えない時間。二人の将来を頼もしく思う一方で、どこか切ない気持ちになる。

２０２１年１月18日　２０４０年の石巻へ

　震災のときに50歳だった高梨勉さんも、まもなく60歳になろうとしている。久々に石巻で会い、門脇小学校からあのセブン‐イレブンがあった場所まで歩きながら話をした。震災の辛い記憶と共にある門脇小学校が、震災遺構として残ること。町で出会った聖理さんの同級生には結婚した人や子どもが生まれた人もいて、手を合わせるときに報告していること。そして、聖理さんの弟である育臣《なるみ》くんが東京で大学生活を送っており、地域創生を学んでいること。

「当時小学校4年生だった息子も大学生になって、かなり地元のことを思ってガンガンやってますから、息子の成長を楽しみにね」

　２０２０年11月14日、「大正大生が栗原市を支援」というタイトルの小さな記事が毎日新聞の宮城版に掲載された。新型コロナの影響で苦境に立たされた地域産業を応援するため、大学生が南三陸町や栗原市などの特産品をクラウドファンディングで販売している、という記事だった。その中心人物として紹介されていたのが高梨育臣くんだった。

　率直に言って驚いた。僕が知っている育臣くんは、両親の後ろで小さくなっている大人しい小学生だったからだ。初めて会ったのは２０１１年４月、避難所になっていた体育館だった。祖父母を失い、姉の行方がわからなかったその時期、張り詰めた緊張感の中で小さくなっている……そんなイメージだった。

　２０２１年１月18日、新型コロナウイルスによる緊急事態宣言が再び出された東京で、マスク姿の育臣くんに話を聞いた。「何年ぶりだかもわからないくらいですね……」と言いながら席に着いた彼は、20歳の大学生になっていた。

震災当時聖理さんは18歳、育臣くんは10歳。思い出すことは?と聞くと、震災直前の何気ない出来事を話してくれた。

「そろばん塾に通っていて、自転車で帰るんですよ。それで夜8時位だったんですけど、たまたまお姉ちゃんがバイトの帰り道で一緒に帰りました。初めての経験で、『こんなとこで会うんだ』みたいな話をして、楽しく帰ったんですよね」

２０１１年3月11日午後2時46分、育臣くんは門脇小学校の4年生だった。そのとき、大きな揺れを2回感じたという。「めっちゃ揺れた」と思いながら、避難訓練通りに他の児童と一緒に裏山に逃げた。家は流されたが、避難所の生活にはすぐに馴染んだ。中学校の校舎を探検したり、ボランティアの人たちと遊んだり、ときには有名人が慰問に来たり。「意外と楽しくやっていた」と育臣くんは言う。しかし彼はこの震災で、父方の祖父と母方の祖母、そして姉を失っている。その現実をどう感じていたのか。

「いまでも自分に対して思うんですけど……俺、こんなに感情ないのかな、みたいなね。『あ、そうか……』、そんな感じだったですね。こうなってしまった、というかね。感情がない人間なのかなと思うんですけどね。あまり思わない、思えない」

もちろん、育臣くんに感情がないわけではないだろう。悲しいとか寂しいとか、そんな言葉に置き換えることも違うのかもしれない。もしかして心の中には「同情されたくない」という気持ちもあるのではないか？　そんなことを僕は聞いた。育臣くんは「あると思いますね。だからあまり言わないというか」と答えてくれた。

２０２１年初春、育臣くんは、大正大学地域創生学部3年生になろうとしている。鹿児島県でゲストハウスを立ち上げるために1か月間住み込みで働いたり、石巻漁業の変革を目指す団体フィッシャーマン・ジャパンでインターンをするなど、活発に活動している。さらに、全国各地で毎月11日に東北の食材やお酒を提供し、その味を通して東北を考えてもらう……というＮＰＯ法人「きっかけ食堂」にも携わり、東北の生産者と全国の消費者を繋ぐ活動もしているという。彼がここまで夢中になれる理由とは、何なのだろうか？

「高校3年生くらいかな。いつものようにお墓参りに行くと、南浜とか工事しているじゃないですか。ここに公園ができて、将来どうなるのかなと思ったんです。復興というものが終わって、10年、20年経ったらどうなるかという将来をいろいろ考えたんですよ」

震災から10年。大人たちは必死で「復興」に取り組んできた。土地をかさ上げし、巨大堤防を築いて津波に強い町を作り、被災した人々に住居や店舗を用意し、住めなくなった場所には公園を整備してきた。しかし、東北の町の多くは震災前から過疎化が進んでいた。「復興」という言葉で見えにくくなっているが、その問題は常に立ちはだかっている。

「震災がなかったら本当にどうなっていたかな、と思います。もっと疲弊していたんじゃないかと。いったん震災でリセットされたというか。いまは真新しい建物がたくさん建てられているけれど、10年、20年と経つうちに廃れていくんじゃないかと思ったりします」

それは長い間、僕が感じていたことでもあった。津波で流された町には巨額の予算が注ぎ込まれ、町を丸ごと作り変えるような工事が行われてきた。東北の各地に有名建築家の名を冠した建築物が作られた。それは、あの瓦礫の町を見ながら各地域の人々が思い描いた未来の、一つの帰結点だったのだろうと思う。

しかし一方で、それを維持していくだけの人口と経済をこの地に残すことができるのだろうか。整備が終わった町に住民が戻らないという問題は、何年も前から指摘されてきた。それは根本的な問題だ。震災後に生まれ変わった町をどう維持していくのか？　瓦礫の中の闘いを経験した青年の目線にあるのは、その先の東北なのだろうと思う。いま、育臣くんは「人生の前半戦を使って」地域創生を学んでいる。２０３０年、２０４０年の石巻を引っ張るのは彼らの世代なのだ。

月日は流れ、２０１１年は１２３月を迎えようとしている。3月28日には、あの瓦礫に覆われていた土地に「石巻南浜津波復興祈念公園」が開園する予定だ。公園には様々な趣向が凝らしてあり、広大な敷地の中に震災前の「道」の形が刻まれているのだという。人々が行き交い、生活を重ねてきた道の跡を再び歩けるようになるのだ。記憶を受け継ぐ、ということの一つの在り方なのだと僕は思う。

公園が完成したら僕は佐々木家、高梨家のそれぞれの場所を訪ねてみたいと考えている。その場所に立ったとき、２０１１年から続けてきた不自然なカウントは終わり、新たな目線でこの町に向き合えるような気がしている。２０１１年１２３月の次は、２０２１年４月。ここから始まる未来と新しい世代が作りだす東北の姿を、僕はこれからも見続けたいと思う。

あとがきにかえて――

2011年6月10日、被災地の真っ暗な道を走っていると1通のメールが入った。デーブ・スペクターさんからだった。

「今頃？と言われるかもしれないけど明日被災地・石巻に行きます。プライベートで」

在日外国人の多くが日本から避難する中、デーブさんは震災直後から海外メディアに出演し、震災に傷ついた日本の姿を伝えてきた。被災地に足を運びたい気持ちも強く持っていたが、たくさんの芸能人が被災地を訪問する中で「自分が行っても何かをすることはできない」と考え、東京に留まりつづけた。その代わりにツイッターで「クールギャグ」を次々に投稿。

「大好きな日本がまた笑顔で溢れる国になるよう、ボクは出来ることは何でもするつもり。ユーモアがあれば、辛い時でも電気を使わずに世の中を明るくすることができるから」

「僕は福島に福が戻る日が必ず来ると信じています。だから涙をふくしま」

寒い……と言われながらも温かいギャグは、殺伐とした時代にスマホの画面を少しだけ明るくしてくれた。そんなデーブさんが石巻に来るというのだ。

翌日、僕は、門脇町4丁目にある佐々木有里さんの家があった場所に案内した。突然のサプライズだったが、有里さんは自宅がどのくらいの距離を流されたのか、母親はなぜ逃げることができなかったのか、そんなことを説明してくれた。被災地を訪問する芸能人は多いが、一つの家族と話し込む機会は少ないと思う。その後もデーブさんは、有里さんが結婚をしたり出産したりするたびにメッセージを送ってくれている。あの頃、世界中の著名なジャーナリストが東北を訪れ、いくつかのストーリーを記録して本国へ帰っていった。しかし僕は、デーブさんのように日本に長く住み、日本の文化を熟知した人が発信する情報こそが大切なのだと思う。今回、この本の帯文を悩みながら書いてくれたデーブさん。字数のためにカットした言葉がある。

"Today is the first day of the rest of your life."（今日という日は、残りの人生の最初の一日である）。

東北に限らず、多くの人の指針となりうる言葉なのだと思う。

東日本大震災から10年が経った。２０１１年、津波に襲われた町はすべてを流され、放射能に襲われた町にはそのままの住宅街が残された。そして２０２１年、津波で流された町が再建される一方で放射能に襲われた家々は解体され、無人の町が広がっている。

２０２３年の避難指示解除を控えた飯舘村長泥地区の杉下初男さん夫妻はまさにこの原子力災害の真っ只中にいる。「帰還困難区域」の今後の姿を、これからもしっかりと見つづけていきたい。

２０２１年1月17日、神戸の街は阪神大震災から26年を迎えた。あの日の記憶はますます遠くなり、「語り部」の減少が大きな問題として報じられていた。同じことは東北の未来にも起こるだろう。だからこそいま、自分が見たもの、聞いたことを残しておきたいと強く思う。

２０１１年１２３月

菱田雄介

●著者プロフィール

菱田雄介（ひしだ・ゆうすけ）

写真家／映像ディレクター。読売テレビ報道局プロデューサー。1972年東京生まれ。歴史とその傍らにある生活をテーマに撮影。東京都写真美術館「日本の新進作家」選出（2020年）。

受賞:第30回写真の会賞（2017年）、キヤノン写真新世紀佳作（2010、2008年）、ニコン三木淳奨励賞（2006年）。

主著:『border | korea』（LibroArte、2017年、第30回写真の会賞受賞）、『2011』（VNC、2014年）、『アフターマス～震災後の写真～』（NTT出版、飯沢耕太郎氏と共著、2011年）、『ある日、』（月曜社、2005年）ほか。

2011《にせんじゅういち》年《ねん》123月《ひゃくにじゅうさんがつ》

——3・11 瓦礫《がれき》の中《なか》の闘《たたか》い

2021年3月11日　初版第一刷

著　者　菱田雄介 Ⓒ 2021

発行者　河野和憲

発行所　株式会社 彩流社

〒101-0051　東京都千代田区神田神保町3-10　大行ビル6階

電話　03-3234-5931

FAX　03-3234-5932

http://www.sairyusha.co.jp/

編　集　出口綾子

装　丁　渡辺将史

印　刷　モリモト印刷株式会社

製　本　株式会社難波製本

Printed in Japan　ISBN978-4-7791-2741-0 C0036

定価はカバーに表示してあります。乱丁・落丁本はお取り替えいたします。

《彩流社の好評既刊本》

テレビと原発報道の60年　七沢潔 著　978-4-7791-7051-5（16. 05）

視聴者から圧倒的な支持を得て国際的にも高い評価を得たNHK『ネットワークでつくる放射能汚染地図』他、チェルノブイリ、東海村、福島などの原子力事故の取材を手がけた著者。国が隠そうとする情報をいかに発掘し、苦しめられている人々の声をいかに拾い、現実を伝えたか。報道現場の葛藤メディアの役割と責任とは。　四六判並製1900円＋税

なじょすべ──詩と写真でつづる3・11

山本宗補 写真、関久雄 詩　978-4-7791-2562-1（19. 03）

原発事故後の福島の人々や情景を追い続ける写真家。福島県から山形県に家族を自主避難させ、佐渡で子どもの保養キャンプを続ける被災した詩人。美しく、時には怒りを誘う写真。哀しみと憤りを静かに映し出す詩。詩と写真で綴る3・11。　A5判並製1800円＋税

福島のお母さん、聞かせて、その小さな声を

棚澤明子 著　978-4-7791-2221-7（16. 03）

ずっと語れなかったことも、今なら少しずつ言葉にできる──ひとりの母親が等身大で聞き取った、母たちの福島。希望や闘い方を見いだす人、すべてを忘れたい人、より絶望感を深める人。耳をすませて、つぶやきやため息までを丁寧に拾った。　四六判並製1800円＋税

福島のお母さん、いま、希望は見えますか？

棚澤明子 著　978-4-7791-2561-4（18. 03）

健康不安、分断、バッシング、痛み、閉塞感…その先に見えるのは？　前作『福島のお母さん、聞かせて、その小さな声を』で、被災したお母さんたちの心のヒダや迷い、哀しみをていねいにつむいだ著者のその後の母たちを追ったルポ。　四六判並製1800円＋税

フクシマ・抵抗者たちの近現代史　978-4-7791-2449-5（18. 02）

──平田良衛・岩本忠夫・半谷清寿・鈴木安蔵　柴田哲雄 著

原発事故の被災地、南相馬市小高区、双葉郡双葉町や富岡町には、いまこそ注目したい4人の抵抗者と言える人物がいた。それぞれに厳しい時代の波にもまれながら生きた彼らの人生と思想的背景から、現在への教訓を読み解く。　四六判上製2200円＋税

東電刑事裁判 福島原発事故の責任を誰がとるのか

海渡雄一 著　978-4-7791-2641-3（20. 11）

福島第一原発が全国でも最も弱い原発であることは事故の11年前に明らかになっていた。10mを超える津波が福島を襲うという情報も得ていた。事故を防ぐための対策をとることも決定していた。それをひっくり返した東電元役員3名の裁判は、正義を示せるか──　A5判並製1300円＋税